원서로 읽고 따라 쓰는

세계를 바꾼 명문장

원서로 읽고 따라 쓰는

세계를 바꾼 명문장

경제학1 보이지 않는 손 vs 야성적 충동

• 서정희 지음 •

매일경제신문사

이런 책을 만들어봐야겠다고 처음 생각한 것은 2년이 조금 넘었습니다. 경제전문 케이블 채널인 매경TV 대표에서 매경출판 대표로 자리를 옮기면서입니다. 편집자들과 이런저런 궁리를 하던 중 떠오른 생각이었지요. 지식이 담기는 것은 물론이고 오리지널 원서의 향기와 숨결까지 느끼게 해주는 책을 만든다면 어떨까. 선진국 입구 바로 문턱까지 숨차게 달려온 우리 한국 사회에 이제는 이런 책도 다양한 분야에서 시도된다면 좋지 않을까.

당장 편집자들에게 기획을 해보라고 얘기했습니다. 얼마 안 돼 기본적인 기획안도 받아보았습니다. 그런데 의외로 더 이상 진전이 되지 않았습니다. 첫 책으로 심리학 분야를 정하고 몇몇 집필 가능할 학자들과 접촉을 했는데 모두 선뜻 긍정적 답을 주지 않더라는 것입니다. 그다음으로 사학 쪽을 접촉해본 것으로 기억합니다. 그러나 결과는 역시 마찬가지였던 모양입니다. 편집자들로부터 더 이상 진전된 내용을 전해 듣지 못했으니까요. 그래서 제가 직접 시니어 경제학자 몇 명과 접촉을 해봤습니다. 하지만 이번에도 모두 부정적 답만 돌아올 뿐이었습니다. 다양하면서도 일관된 사례를 찾아내 책을 만드는 일도 힘들지만, 자칫 번역이나 해석을 놓고 사소한 시비가 걸릴지 모르는데, 그게 싫다는 것이었습니다. 그래서 안 될 모양이다 생각하고 마음을 접을 참이었지요. 그때 뜻밖에 새로운 계기를 만나게 됐습니다.

윤석열 20대 대통령 당선인이 검찰총장을 그만두고 정치권에 뛰어들던 2021년 여름 무렵이었지요. 매일경제신문과 인터뷰에서 밀턴 프리드먼의 책《선택할 자유》를 검사 시절 자주 펼쳐 보았다며, 정부 규제의 문제점을 지적했습니다. 그랬더니 언론에서 난리가 났지요. 기억하실 겁니다. 식품 안전 문제를 사례로 들며 부정식품이라는 단어를 사용한 것이 시빗거리가 됐습니다. 발언 취지는 안중에 없고, 서민이라고 해서 부정식품을 먹어도 되는 거냐는 꼬투리 잡기식의 비판이 정치적 입장을 달리하는 쪽을 중심으로 쏟아졌습니다.

그러면 프리드먼의 책에는 부정식품 혹은 정크푸드junk food라는 용어가 나올까요? 이에 대한 기사가 눈에 잘 띄지 않아 원서를 직접 찾아봤습니다. 결과는 '없다'였습니다. 며칠 뒤 몇 개의 블로그에는 책에도 없는 부정식품 얘기를 윤 당선인이 엉터리로 떠벌렸다는 비난의 글이 올라오더군요. 그러나 과연 그렇게 봐야 할까요? 개인적으로는 이것도 절대 타당한 지적이 못 된다고 생각합니다.

2000년대 미국 전역을 휩쓸었던 패스트푸드 논쟁에서 프리드먼의 식품 규제 완화 논리가 핵심 쟁점으로 떠올랐던 적이 있습니다. 그러니 윤 당선인의 발언 취지나 뼈대는 전혀 문제가 없다고 봅니다. 다만 당시 논쟁에서 주로 사용되던 용어가 좀 달랐습니다. 부정식품은 영어로 어찌 되는지 잘 모르겠습니다만, 당시 논쟁에서는 정크푸드란 단어가 일부 사용됐고, 주로는 건강에 이롭지 않은unhealthy 식품이라는 용어가 미디어에서 많이 사용됐더군요.

아무튼 이 시비를 계기로 저는 다시 기획안을 꺼내 들었고, 책을 준비하기로 마음을 굳혔습니다. 시비를 위한 시비는 더 이상 우리 사회에 이롭지 않습니다. 그래서 출판사 대표인 제가 직접 도전해보기로 했습니다. 개인적으로 대단한 학자가 아니니 저에게 시비를 걸어올 사람이 얼마나 있겠나 하는 용기와 무모함으로 무장한 채.

역시 쉽지 않았습니다. 사례를 찾아 선택하는 게 무엇보다 어려웠습니다. 구글 등을 이용해 여러 개를 찾았으나 역부족이었지요. 이때 미국에서 출간된 책들을 뒤져보자는 생각을 했고, 미국에 있는 경제학자들에게 도움을 청했습니다. 그래서 참고하게 된 책이 하나는 《A Short History of Economic Thought(Bo Sandelin 외 공저)》이고, 또 하나는 《A History of Economic Thought(Lionel Robbins의 런던정치경제대학 강의록)》입니다. 이번에 펴내는 책의 재료 가운데 30% 정도의 구절은 이 두 권의 도움 덕분에 많이 헤매지 않고 찾을 수 있었습니다. 그리고 나머지 60~70% 정도는 구글 검색과 기존에 모아둔 자료를 활용해 구성할 수 있었습니다.

그러나 이것으로 끝이 아니었습니다. 이를 번역할 생각을 하니 눈앞이 캄캄했습니다. 책 전체를 번역하는 일보다 일부 구절을 번역하는 게 더 어렵고 위험한 일이라는 것을 이번에 깨달았습니다. 그래서 방법을 바꿨습니다. 국내에 번역서가 존재하는 경우 여기에 의존하는 게 여러모로 현명한 방법이라는 판단이 들었습니다. 그러나 이것으로도 끝이 아니었습니다. 다른 책의 원문을 인용해야 하다 보니 모두 인용 허락을 받아야 하는 번거로움이 컸습니다. 어떤 구절은 해외 출판사에 연락해 허락 요청을 해야만 했고, 또 어떤 구절은 그레고리 맨큐 같은 저자에게 직접 연락해 허락을 받아야 했지요. 번역서도 사정은 마찬가지였습니다.

이제 이 책의 구성과 활용법에 대한 설명을 드릴 차례입니다. 이런 책은 앞으로 수없이 나올 수 있습니다. 또 나오기를 기대합니다. **저는 이번에 경제학 분야에서 보이지 않는 손을 화두로 잡아봤습니다. 시장경제와 정부 개입의 영역을 두고 우리 한국에서 오해와 논란이 너무 많다고 생각했습니다. 소위 시장의 실패라고 공격받는 사례들 중 대부분은 정책 실패의 소산입니다. 이제 한국경제도 선진국 본격 진입을 앞둔 마당에 시장과 정부 역할에 대한 분명한 사회 통념, 신뢰, 공감대 같은 사회적 자본이 두터워져야 한다고 믿습니다.** 세상이 복잡해진 탓에 보이지 않는 손이 만능일 수는 없습니다. 케인스의 '야성적 충동'에서 비롯된 시장의 불안정성을 그래서 '보이지 않는 손'과 대비해 짚어보는 것으로 책의 뼈대를 구성했습니다.

이 책의 활용법과 관련해서는 먼저 이 책의 특징을 크게 두 가지로 소개해드림으로써 설명드리고자 합니다. 첫째, 이 책은 영어 원문을 인용한 뒤 그 옆 페이지에 필사가 가능하도록 여백을 두었습니다. 경제학자들이 어떤 표현을 쓰는지 눈여겨볼 겸 영어 공부에 도움을 드릴 겸 꼭 필사를 실행해보실 것을 권해드립니다. 두 번째는 영어 원문과 번역문 뒤에 제가 작성한 해설이 2~4페이지 정도 붙어 있습니다. 이 부분에서 저는 해당 원문에 대한 설명 외에 그 경제학자들의 철학과 이론 틀을 간략하나마 종합해 소개했습니다. 해당 구절이 어떤 맥락에서 해석되고 이해돼야 하는지 행간을 짚어보고자 했습니다. 따라서 **영어 원문→번역문→해설→영어 원문→필사 연**

습의 순서로 읽고 감상하면 좋겠다는 생각이 듭니다. 다만, 여기서 한 가지 분명히 밝혀둡니다. 이 책의 내용에 조그마한 잘못이나 오류가 있다면 그것은 전적으로 저의 무지이거나 실수에 의한 것입니다. 제 책임 이외에 다른 어떤 요인도 있을 수 없으므로 모든 질책은 매경출판과 지은이인 저에게 돌려주시기 바랍니다.

다음으로는 이와 유사한 책을 기획하실 분들이 앞으로 많이 나타나기를 기대한다는 말씀을 드립니다. 사실 제가 두려움을 무릅쓰고 이 책을 시도한 진짜 목적입니다. 이 책은 **매경출판 스스로 샘플 하나를 먼저 제시해드린 것**에 불과합니다. 이런 작업에 **관심 있는 분이면 누구나 적극 도전해주십시오. 매경출판(publish@mk.co.kr, 02-2000-2634)에 기획안을 보내주시면 선인세 지급 등 각종 지원책과 함께 출판을 최대한 지원할 계획입니다. 분야는 경제학뿐 아니라 철학, 사학, 심리학, 정치학, 국제관계, 사회학 등의 인문사회나 혹은 물리학, 화학 등 자연과학과 공학 등 모든 분야**로 열려 있습니다.

끝으로 그동안 도움을 주신 분들께 감사의 마음을 전하고자 합니다. 책을 펴내면서 가장 먼저 감사를 드려야 할 분은 매경미디어그룹의 장대환 회장님과 정진기언론문화재단의 정현희 이사장님입니다. 이 책의 취지에 대해 좋은 아이디어라고 긍정적 의견을 주셨고, 매경총서로 발전시켜보는 일에 대해서도 격려를 해주셨습니다. 다시 한번 감사하다는 말씀드립니다. 미국 경제학계와의 접촉을 부탁한 선배의 과욕을 탓하지 않고 바쁜 와중에 흔쾌히 도움을 준 박용범 뉴욕 특파원과 강계만 워싱턴 특파원에게도 진정한 동료애를 느낍니다. 또 이 분야의 권위자이신 홍기현 서울대 경제학부 교수님께도 심심한 감사를 드리지 않을 수 없습니다. 좋은 구절을 찾고 바른 해석을 하는 데 큰 도움을 주셨습니다. 이번 작업에서 번역서를 찾는 일을 도와준 서울대 경제학부 배상훈 학생도 빼놓을 수 없습니다. 이 밖에 이름을 거명하지 못한 많은 분들의 도움이 있었습니다. 물론 이 책을 읽어주시고, 앞으로 이 책의 뒤를 이어 저와 같은 실험과 작업에 나서주실 미지의 독자 여러분이 제게는 가장 감사한 분들입니다.

2022. 3. 21.

지은이 겸

매경출판 대표 서정희

CONTENTS

2. 공황론과 유효수요

PART 4
역사의 반복 선택할 자유

보이지 않는 손

1

인간과 분업

다양한 서양 학문에 영향력 있는 그리스의 철학자이자 사상가다. 그는 소크라테스의 제자, 아리스토텔레스의 스승이며, 대학의 원형인 고등 교육 기관 '아카데메이아'의 교육자다. 플라톤은 아카데메이아에서 폭넓은 주제를 강의하였으며, 특히 정치학, 윤리학, 형이상학, 인식론 등 많은 철학적 논점에 관해 저술하였다.

01.

"Well," I said, "**a community starts to be formed, I suppose, when individual human beings find that they aren't self-sufficient, but that each of them has plenty of requirements which he can't fulfil on his own**. Do you have an alternative suggestion as to why communities are founded?"

"No," he said.

"자, 그러면 **국가라는 것은, 내 소견으로는 우리들 각자가 자기 혼자만으로는 자급자족하기 어렵고 자연 많은 것을 필요로 하기 때문**에 생기는 것이겠지. 혹시 국가의 발생에 무슨 다른 기원이라도 있다고 생각하는가?" 하고 내가 말했네.

"아니죠, 없지요"라고 그는 말했네.

01.

"So people become involved with **various other people to fulfil various needs**, and we have lots of needs, so we gather lots of people together and get them to live in a single district as our associates and assistants. And then we call this living together a community. Is that right?"

"Yes."

"And people trade goods with one another, because they think they'll be better off if each gives or receives something in exchange, don't they?"

"Yes."

"그러면 그 결과로써, **각각 다른 사람은 다른 일을 위해서 또 딴 사람을 불러 많은 것들을 필요로 하기 때문**에, 많은 사람들을 협동자요 원조자로서 한 주거지에 모으게 되는데, 이 공동 주거에다 우리는 국가라는 이름을 붙이고 있네. 그렇지 않은가?"

"그렇죠."

"그렇다면 그들이 경우에 따라 물건을 주거니 받거니 하면서 서로 교환할 때, 그 각자는 그렇게 하는 것이 자기 자신에게 더욱 좋다고 생각하겠지?"

"그렇죠."

"All right, then," I said. "Let's construct our theoretical community from scratch. Apparently, **its cause is our neediness.**"

"Of course."

"And the most basic and most important of our needs is that we are provided with enough food for existence and for life."

"Absolutely."

"The second most important is our need for somewhere to live, and the third is our need for clothing and so on."

"True."

"자, 그럼 우리 한번 이론을 가지고 처음부터 국가를 만들어 보세나. 그런데 **그걸 만드는 것은 아무래도 우리들의 필요에서 나온 것 같군**" 하고 내가 말했네.

"그렇고말고요."

"그런데 우리가 필요로 하는 것들 중, 으뜸가고 가장 큰 것은 생존하고 생활하기 위한 양식의 마련일세."

"확실히 그렇죠."

"둘째 번 필요는 집의 마련, 셋째는 옷이나 그런 것들의 마련일세."

"그건 그렇죠."

01.

"All right," I said. "How will our community cope with all this provisioning? Mustn't one member of it be a farmer, another a builder, and another a weaver? Is that all the people we need to look after our bodily needs? Shall we add a shoemaker to it as well?"

"Yes."

"And there we had our community. Reduced to its bare essentials, it would consist of **four or five people**."

"So it seems."

Plato, 《Republic》, Oxford University Press, 1993, p. 369-370

"자, 그렇다만 국가는 어떻게 해서 이 모든 것들을 넉넉히 마련할 수가 있겠나? 그것은 농부 한 사람, 건축공 한 사람, 거기다 또 직조공이 한 사람 있어야 가능하겠지? 게다가 또 신기료장수나 아마 신체상 필요한 것들을 마련해 주는 또 다른 사람을 하나 보태야겠지?"

"그렇습니다."

"그러면 꼭 필요한 만큼의 국가는 **넷이나 다섯 사람으로 되겠네**."

"그런 것 같군요."

*번역문 원문엔 국가 대신 나라라는 단어를 사용

플라톤, 《국가》, 조우현 옮김, 올재셀렉션즈, 2013, 89~91쪽

국가를 형성하는
이유 - 분업

교환, 화폐, 가치, 분업 등은 예나 지금이나 경제학에서 가장 먼저 다루는 기초 개념에 속한다. 그러면 인류 최초로 이 기초개념들을 정립하고 개념화하고 기록으로 남긴 사람은 누구일까? 혹자는 애덤 스미스의 《국부론Wealth of Nations》을 떠올릴지 모르지만, 실은 이보다 훨씬 오래전의 일이다. 놀랍게도 고대 그리스 철학자들의 저작에서 오늘날과 크게 다르지 않은 개념의 틀을 발견하게 된다. 공동체를 형성하기 시작한 인류에게 가장 먼저 다가온 고민거리는 그때에도 역시 먹고사는 문제, 즉 경제였던 듯하다. 플라톤의 《국가론Politeia》에서 우리는 그 원조 격 내용을 만나게 된다.

《국가론》은 소크라테스의 제자인 플라톤이 60세쯤에(기원전 370년경) 쓴 대표작인데, 소크라테스가 말하고 플라톤 등이 응답하는 형식이다. 여기서 소크라테스와 플라톤은 인간 공동체(국가) 형성의 단초를 **분업**의 필요성에서 찾는다. 그리고 분업이라는 것을 통해 생산성을 높여가는 과정을 한 단계, 한 단계씩 풀어간다.

인류는 처음에 왜 모여 살기 시작했을까? 개인 각자가 **자급자족**

(공급)이 불가능함을 자각했기 때문이라고 플라톤은 설명했다. 사람들은 자신에게 필요한 생필품들을 다른 사람에게 의존하기 위해 공동체를 형성하게 된다는 것이다. 의식주 등을 충족하기 위한 **최소 공동체 단위로는 4~5명 정도**를 잡았다.

플라톤이 분업 다음으로 꼽은 인간 공동체의 특징은 전문화다. 공동체 규모가 점차 커지면서 구성원마다 담당하게 되는 일이 좀 더 세분화되고 전문화된다는 것이다. 전문화는 고대 그리스의 역사가 크세노폰Xenophon의 저작 《키루스의 교육Cyropaedia》에도 나온다. 소규모 마을에서는 한 명의 기술자가 가구도 만들고 문짝도 짜고 농기구도 제작하고 심지어 집 전체를 건축하겠지만, 규모가 큰 도시에서는 기술자들이 이 가운데 어느 하나의 기술에 좀 더 숙련화되고 전문화되는 모습을 띤다는 것이다. 플라톤의 이런 설명이 있고 2천 년이 지난 뒤 우리는 이와 크게 다르지 않은 분업, 기술, 숙련, 전문화 등의 개념을 얘기하는 경제학의 효시를 만나게 된다. 애덤 스미스의 《국부론》이다.

플라톤에 이어 아리스토텔레스도 교환과 분업의 개념을 다뤘는데, 둘의 내용은 같으면서 조금 다르다. 아리스토텔레스는 플라톤과 달리 교환이 생기게 된 이유를 수요 측면에서 찾는다. 한 사람의 필요와 효용에는 한계가 있기 때문에 자기에게 필요한 것 이상으로 어느 물품을 너무 많이 갖게 되면 오히려 해롭고 무익하다고 판단했다. 이런 사고는 19세기 신고전파 경제학에 이르러 한계효용 체감의 원리로 이어진다.

쟝바티스트 콜베르 1619년 8월 29일~1683년 10월 6일

 프랑스의 중상주의 정치가로 루이 14세 아래에서 재무부 장관을 역임하였다. 콜베르는 무역 수지 개선과 식민지에 의한 수입을 중요시하였으며, 공공사업의 증진과 관세를 통해 경제를 증진시켰다.

01.

I believe everyone will easily agree to this principle, that **only the abundance of money in a State** makes the difference in its greatness and power.

Jean Baptiste Colbert, 《Lettres, instructions et mémoires de Colbert》, Wentworth Press, 2018, p. 269

나는 국가의 위대성과 힘의 차이를 만드는 것은 **국가가 가진 돈의 풍부성만**이라는 원리에 쉽게 동의가 생기리라고 확신한다.

홍기현, 《알고 보면 재미있는 경제원리》, 서울대학교출판부, 2008, 70쪽

애덤 스미스 1723년 1월 14일~1790년 1월 12일

스코틀랜드 출신의 영국의 정치경제학자이자 윤리철학자이다. 후대의 여러 분야에 큰 영향을 미친 《국부론》의 저자이다. 고전경제학의 대표적인 이론가인 스미스는 일반적으로 경제학의 아버지로 여겨지며 자본주의와 자유무역에 대한 이론적 심화를 제공했다.

01.

It is not from the benevolence of the butcher, the brewer, or the baker, that we expect our dinner, but from their regard to **their own interest**. We address ourselves, not to their humanity but to their self-love, and never talk to them of our own necessities but of their advantages. Nobody but a beggar chuses to depend chiefly upon the benevolence of his fellow citizens.

Adam Smith, 《An Inquiry into the Nature and Causes of the Wealth of Nations》, Clarendon Press, 1776[1979], p. 26–27

benevolence·자비심

우리가 식사할 수 있는 것은 정육점 주인·양조장 주인·빵집 주인의 자비에 의한 것이 아니라 **자기 자신의 이익**에 대한 그들의 관심 때문이다. 우리는 그들의 인간성에 호소하지 않고 그들의 이기심에 호소하며, 그들에게 우리 자신의 필요를 이야기하지 않고 그들의 이익을 이야기한다. 거지 이외에는 아무도 동료의 자비에 전적으로 의지하려고 하지 않는다.

애덤 스미스, 《국부론 상권》, 김수행 옮김, 비봉출판사, 2007, 22쪽

02.

He seems not to have considered that, in the political body, the natural effort which every man is continually **making to better his own condition is a principle of preservation capable of preventing and correcting, in many respects, the bad effects of a political economy**, in some degree, both partial and oppressive. Such a political economy, though it no doubt retards more or less, is not always capable of stopping altogether the natural progress of a nation towards wealth and prosperity, and still less of making it go backwards.

Adam Smith, 《An Inquiry into the Nature and Causes of the Wealth of Nations》, Clarendon Press, 1776[1979], p. 674

retard·지연시키다

그(프랑수와 케네)는 국가경제에서 **각자가 자기 자신의 상태를 개선하려고** 끊임없이 행하는 천부적 노력이 어느 정도 불공평하고 억압적인 **국가경제의 악영향을 여러 가지 점에서 예방하고 시정할 수 있는 유지 보전의 원동력**이라는 것을 생각하지 않은 듯하다. 이러한 국가경제는 비록 부와 번영을 향한 국가의 천부적 진보를 다소 늦출 수 있다 하더라도 완전히 정지시킬 수는 없으며, 하물며 후퇴시킬 수는 더더욱 없다.*

*번역문 일부 수정

애덤 스미스, 《국부론 하권》, 김수행 옮김, 비봉출판사, 2007, 171쪽

역사의 진보도
사람의 이기심이 원동력이다

　고대 그리스 철학과 중세 교부 철학을 지나 경제학이 경제학다운 틀을 처음 갖춘 것은 역시 애덤 스미스까지 내려와야 한다. 그러면 경제학의 아버지라는 애덤 스미스, 그가 경제를 바라보면서 가장 먼저 깊이 연구 관찰한 대상은 무엇이었을까? 스미스는 인간 그 자체, 즉 **인간의 본성**이 무엇이냐는 질문으로 시작했다.

　본성이란 좀처럼 바뀌지 않는 속성을 말한다. 교육을 통해 일부 변화시킬 수 있겠으나 근본은 달라지지 않는다. 이런 인간 본성의 하나로 스미스가 가장 먼저 꼽은 것은 **이기심**이었다. 인간은 기본적으로 이기적이고 자기 자신이 더 잘 되기를 끊임없이 바라는 존재라는 것이다. 스미스가 저녁 식탁 예를 들며, 우리가 만찬을 즐길 수 있는 이유가 인간의 이기심 때문이라는 설명은《국부론》의 유명한 스토리 중 하나다. 우리의 저녁 식사는 식재료 상인들의 자선 덕분이 아니라 자신의 이익을 취하려는 그들의 자기애 덕분이라는 것이다. 이와 달리 누군가의 자선에 의해 식사를 해결하는 사람이 있다면 그는 분명 거지일 것이라고 확언한다. 스미스는 거지의 예처럼 예외적인 사람들도 존재한다고 생각했다. 쾌락에 빠져 만취drunkenness, 폭식gluttony, 방탕prodigality 등에서 헤어 나오지 못하는 경우다.

인간의 이기심이 가져다주는 혜택은 개인 식탁 수준에 국한되지 않는다고 스미스는 생각했다. **사회 발전과 역사 진보라는 거대한 물결도 그 원동력을 개인의 이기심과 자기애**에서 찾아야 한다는 것이다. 그가 자본주의를 어떻게 이해하고 있는지 잘 드러나는 대목이다. 이런 스미스가 자유방임과 자유무역을 옹호하고, 콜베르의 중상주의Mercantilism를 혹독하게 비판한 것은 당연하다. 이처럼 중상주의에 대한 비판 대열에선 프랑수와 케네François Quesnay의 중농주의Physiocracy와도 어깨를 함께 했다.

그러나 이러한 공통점에도 불구하고 스미스와 케네는 결론에서 완전히 갈렸다. 중상주의 이후의 대안을 놓고다. 케네의 중농주의는 중상주의를 혹독하게 비판한 뒤, 산업화와 무역을 중단하고 농경 사회로 다시 돌아가자고 외쳤다. 스미스는 케네가 이처럼 유치하고 잘못된 결론에 도달하게 된 이유로, 개인의 이기심과 자기애가 역사 발전의 원동력임을 깨닫지 못하고 자본주의의 앞날을 전혀 내다보지 못했기 때문이라고 아쉬워했다.

스미스는 당시 산업화와 자유무역을 역사 발전의 한 과정으로 이해했다. 그리고 인간이 스스로를 더 나은 상태로 만들려는 천부적 노력이 이 과정을 통해 자본주의를 거대한 발전으로 이끌 것이라고 확신했다. 스미스는 이처럼 **중상주의와 중농주의의 한계를 넘으면서 고전파 경제학의 길을 활짝 열게** 된다.

한편 스미스는 이기심 외에 **교환, 거래**도 인간만이 가진 본성이라고 보았다. "강아지들이 자기가 물고 있는 뼈를 다른 강아지와 공평하게 교환하는 장면은 상상할 수 없다Nobody ever saw a dog make a fair and deliberate exchange of one bone for another with another dog"는 말도 그의 명구로 남아 있다.

2

금융과 이자

《성경》

01.

You shall not demand **interest from your countrymen** on a loan of money or of food or of anything else on which interest is usually demanded. You may demand interest from a foreigner, but not from your countryman, so that the LORD, your God, may bless you in all your undertakings on the land you are to enter and occupy.

《The New American Bible》, Deuteronomy 23:20-21

너희는 **동족에게 이자를 받고 꾸어 주어서는 안 된다.** 돈에 대한 이자든 곡식에 대한 이자든, 그 밖에 이자가 나올 수 있는 것은 모두 마찬가지다. 이방인에게는 이자를 받고 꾸어 주어도 되지만, 너희 동족에게는 이자를 받고 꾸어 주어서는 안 된다. 그래야 주 너희 하느님께서, 너희가 차지하러 들어가는 땅에서 너희 손이 하는 모든 일에 복을 내려 주실 것이다.

《가톨릭 성경》, 신명기 23장 20~21절

02.

So do not worry and say, 'What are we to eat?' or 'What are we to drink?' or 'What are we to wear?' All these things the pagans seek. Your heavenly Father knows that you need them all. But **seek first the kingdom of God and his righteousness**, and all these things will be given you besides.

《The New American Bible》, Matthew 6:31-33

그러므로 너희는 '무엇을 먹을까?', '무엇을 마실까?', '무엇을 차려입을까?'하며 걱정하지 마라. 이런 것들은 모두 다른 민족들이 애써 찾는 것이다. 하늘의 너희 아버지께서는 이 모든 것이 너희에게 필요함을 아신다. 너희는 **먼저 하느님의 나라와 그분의 의로움을 찾아라**. 그러면 이 모든 것도 곁들여 받게 될 것이다.

《가톨릭 성경》, 마태오 복음서 6장 31~33절

03.

If you lend money to those from whom you expect repayment, what credit is that to you? Even sinners lend to sinners, and get back the same amount. But rather, love your enemies and do good to them, and **lend expecting nothing back**; then your reward will be great and you will be children of the Most High, for he himself is kind to the ungrateful and the wicked.

《The New American Bible》, Luke 6:34-35

너희가 도로 받을 가망이 있는 이들에게만 꾸어 준다면 무슨 인정을 받겠느냐? 죄인들도 고스란히 되받을 요량으로 서로 꾸어준다. 그러나 너희는 원수를 사랑하여라. 그에게 잘해주고 **아무것도 바라지 말고 꾸어 주어라**. 그러면 너희가 받을 상이 클 것이다. 그리고 너희는 지극히 높으신 분의 자녀가 될 것이다. 그분께서는 은혜를 모르는 자들과 악한 자들에게도 인자하시기 때문이다.

《가톨릭 성경》, 루카 복음서 6장 34~35절

"동족에겐
이자를 받지 말라"

이자는 남에게 무엇을 빌려주고 돌려받을 때 원래 빌려주었던 것 이상으로 받기로 약정한 것을 일컫는다. 곡식이나 가축 등 모든 것이 이자의 대상이 될 수 있었다. 그러나 교환의 매개물로서 **화폐**가 등장한 뒤부터 문제가 발생했다. 이자라는 게 교환의 단순 매개물인 화폐에까지 붙기 시작했기 때문이다. 단순히 교환의 매개물일 뿐인데 부자들이 여기에 이자를 붙이고 또 붙이면서 가난한 자들을 수탈하는 도구가 돼가고 있었다.《성경》 등에서 이자를 터부시하게 된 배경이다.

화폐에 대해 가장 먼저 경제학적 정의를 내린 사람은 고대 그리스의 철학자 아리스토텔레스였다. 그는 화폐를 교환의 매개체라고 규정한 뒤, **화폐는 교환을 위한 매개체일 뿐 교환의 대상물은 아니라고** 보았다. 그래서 대부업처럼 이자 수익을 목적으로 하는 금전 대출은 교환의 잘못된 형태로 간주했다.

《구약성경》신명기 23장 20절과 21절은 이자를 죄악시하는 구절로 유명하다.《성경》은 이자를 옳지 못한 것으로 분명하게 규정한다.

적어도 동족 간에는 그것이 돈이든 곡식이든 **이자를 받고 꾸어 주어서는 안 된다**고 못 박고 있다. 그래야만 하느님께서 장차 복을 내려 주실 것이라고 말한다.

《성경》의 이 구절은 당시 유대 사회에 이자 수탈이 얼마나 광범했는지를 거꾸로 보여준다. 높은 이자로 재산을 불리는 자는 빈민을 불쌍히 여겨 궁박한 그들에게 은혜로 베풀어질 재산을 스스로 자신에게 쌓는 것으로 간주했었다(잠언 28장 8절 참조).

루카복음 6장 34~35절 내용도 이런 사회 분위기에서 형성된 것으로 보인다. 되받을 생각을 처음부터 하지 말고, 오히려 원수를 사랑하는 마음으로 그에게 아무것도 바라지 말고 꾸어주라는 것이다. 다음 장에서 보겠지만, 셰익스피어의 희곡《베니스의 상인The Merchant of Venice》에서 고리 대부업자 샤일록이 결국 이자 대신 1파운드의 살덩이를 페널티로 요구하는 대목은 이자를 터부시하는 당시 사회상을 교묘하게 희화화하고 있다. 고대부터 시작된 대부업 혹은 금융업에 대한 부정적 시각은《성경》이나 교부학자들을 통해 중세까지 광범하게 이어졌다. **이자에 대한 시선이 조금씩 바뀌기 시작한 것은 대항해시대 모험적 사업가들이 등장하고 자본주의 기업들이 싹트기 시작하면서다.** 이때부터 이자는 기업 이윤의 일부로 이해되기 시작했고, 그 정당성을 인정받게 된다(66~72쪽, 조지프 슘페터 내용 참조).

반면 마태복음 6장은 우리 공동체에서 먹고사는 문제의 해결책이 기본적으로 하느님으로부터 주어지는 것이라며, 그분을 따르면 다른 것들은 자연스레 곁들여질 것이라고 말한다.

01.

SHYLOCK

No, He didn't charge interest- not in your sense of the word.
But listen to what Jacob did. When he and Laban agreed that all
the spotted lambs would be Jacob's pay, it was the end of autumn,
when the sheep were starting to mate. Because newborns look like
whatever their mother sees during mating, he stuck some spotted
branches into the ground right in front of the sheep, who saw them
while they mated.

1막 3장

샤일록

**아니, 야곱은 이자를 받지 않았습니다. 당신이 말하듯 직접 이자를 받지는
않았단 말입니다.** 야곱이 어떻게 했나 주의해서 들어보시오. 그와 라반은
양이 줄무늬가 지거나 얼룩진 새끼를 낳으면 그것들은 전부 야곱의 품삯으로
쳐준다는 합의를 하게 됐지요. 그해 가을이 저물어 발정 난 암양들이 암내를 내고
숫양이 찾아와 번식활동이 한창일 무렵, 야곱은 나뭇가지 껍질을 벗겨 얼룩지게
만든 뒤 교미 중인 요염한 암양들 앞에 꽂아놓았습니다. 교미 때 암양이 무엇을
보느냐에 따라 새끼들의 생김새가 그대로 되기 때문이었지요.*

*번역문 일부 수정

01.

The mothers later gave birth to spotted lambs, all of which went to Jacob. That was his way of expanding his business, and it worked. My point is that **profit is a blessing**, as long as you don't steal to get it.

ANTONIO

That business venture you're referring to happened because God made it happen like that. Jacob didn't have any control over what happened. Are you saying this story proves that charging interest makes sense?

이때 새끼 밴 암양들이 달이 차서 얼룩무늬 진 양들을 낳았는데 이것들을 다 야곱이 차지했습니다. 그렇게 그는 돈을 벌었지요. 그리고 하느님의 축복을 받았지요. 훔친 것이 아니라면 **부자가 되는 것은 축복**입니다.

안토니오

그것은 야곱이 한번 해본 모험이었소. 그의 힘으로 그렇게 된 것이 아니라 하느님의 손에 조종되고 지배되어 된 일이오. 이자놀이를 정당화하기 위해서 이 성경 이야기를 하는 거요?

01.

SHYLOCK

Look at you getting all riled up! **I want to be friends with you**, and forget all the times you've embarrassed and humiliated me. I want to give you what you need, and not charge a penny of interest— but you won't listen to me! I'm making a kind offer—**zero percent financing**.

BASSANIO

That really would be kind.

샤일록

아니, 왜 이렇게 화를 내십니까? 나는 **당신과 친구가 되어 사귀고 싶습니다**. 내 몸을 더럽힌 온갖 치욕을 잊고, 또 당장 당신에게 필요한 돈을 마련해 드리고 그 돈에 대한 이자는 반 푼도 받지 않겠다는데도 그러시는군요. 바로 **0%의 이자로 돈을 빌려드려** 친절을 베풀고자 하는 겁니다.

바사니오

그렇게만 해준다면 정말 친절한 일이오.

01.

SHYLOCK

I'll show you how kind I am. Come with me to a notary and we'll make it official. And let's add a little clause just for a joke. If you don't repay me on the day we agree on, in the place we name, for the sum of money fixed in our contract, your penalty will **be a pound of your pretty flesh, to be cut off** and taken out of whatever part of your body I like.

ANTONIO

It's a deal. I'll agree to those terms and even say that Jews are nice.

https://www.sparknotes.com/nofear/shakespeare/merchant/act-1-scene-3/

notary·공증인

샤일록

친절을 베풀려는 거요. 그러니 나와 함께 공증인에게 가서 당신 단독 명의의 차용증서에 날인해주시오. 그리고 장난스러운 기분으로 차용증서에 명시된 이러이러한 금액을 이러이러한 날 이러이러한 장소에서 갚지 못하면 벌금으로 당신 신체의 어느 부분에서든지 내 마음대로 **정확히 1파운드를 베어내도 좋다**는 것을 꼭 명시해주시오.

안토니오

그거 좋소. 그럼 차용증서에 도장을 찍겠소. 그리고 유대인도 꽤 친절하다고 하겠소.

윌리엄 셰익스피어, 《베니스의 상인》, 정성국 옮김, 홍신문화사, 2013, 24 쪽

샤일록의 이자와
야곱의 양 떼 새끼들

《구약성경》의 신명기 23장 20~21절 내용은 **이자 수취를 죄악시하되, 이방인에게는 이자를 받고 꾸어주어도 된다**고 밝히고 있다. 대단히 흥미로운 대목이 아닐 수 없다. 그 이유가 흥미로운 것이 아니라 그 결과가 흥미롭다. 오늘날 **유대인들이 금융을 장악하게 된 진짜 이유**가 어쩌면 여기에 있을지도 모른다.

그리스도교 탄생 이후 이자를 죄악시하는 분위기가 유럽 전역에서 강하게 자리 잡게 되자 유럽 귀족들은 자신들이 더 이상 대부업에 직접 손을 대기가 껄끄러웠던 듯하다. 반면 유대인들은 계약과 신용을 대단히 중시하고 문맹률도 낮아 돈놀이에 쉽게 눈을 떴다. 오늘날 유대인들이 세계금융을 장악하게 된 먼 배경이다. 유대인 간 신뢰를 바탕으로 금융 분야에서 독보적 네트워크를 구축한 로스차일드 가문 등이 대표적이다. 자본주의가 발전하면서 금융이 경제 전체를 휘두르는 시대가 도래하자 이방인 취급을 받던 유대인의 금융자본이 세계경제를 호령하게 됐다. 역사의 아이러니다.

셰익스피어의 희곡 《베니스의 상인》에서 샤일록과 안토니오가 나누는 대화를 이런 배경지식과 함께 읽어보면 더욱 흥미롭다. 샤일록은 그리스도교의 이방인으로서 종교나 민족에 관계없이 돈놀이를 해왔던 유대인이다. 그는 베니스의 사업가인 안토니오가 친구의 결혼 자금을 빌려 왔으면서도 고리대금업을 인정하지 않으려 하자 《구약성경》의 창세기에 나오는 야곱과 라반의 얘기를 장황하게 늘어놓으며 고리대금업의 정당성을 강조한다. **샤일록은 야곱이 꾀를 내어 아저씨 라반의 양을 모두 차지한 것도 하나의 비즈니스이며, 도둑질만 아니면 그 비즈니스 이윤은 축복**이라고 말한다.

그러나 안토니오는 여기에 동의하지 않는다. 야곱의 시도는 하나의 모험적 벤처였을 뿐, 그것을 성공으로 이끈 것은 자신의 노력에 의한 것이 아니라 하느님의 역사였다고 강변한다. 그러면서 안토니오는 샤일록에게 자신을 친구가 아닌 적으로 여겨 달라며, 자신이 돈을 못 갚으면 페널티를 물겠다고 제안한다.

그러자 **샤일록은 간교한 말투로 안토니오에게 친구로서 돈을 빌려주겠다며 제로(0) 퍼센트의 금융을 제안한다. 대신 돈을 제때에 못 갚을 경우 자신이 원하는 부위의 살 1파운드를 안토니오에게서 베어내겠다며 공증을 요구하기**에 이른다.

《베니스의 상인》에서 셰익스피어는 인색한 돈놀이꾼 샤일록을 혼내주는 것으로 해피 엔딩을 기획한 듯 보인다. 그러나 어쩌면 자기 스스로 무역상 혹은 자본가임에도 경제성장과 이윤 그리고 그 연장선에서의 이자의 원리를 인정하지 못하는 안토니오를 더 시대에 뒤떨어진 인물로 조롱한 것은 아닐까.

조지프 슘페터 1883년 2월 8일~1950년 1월 8일

오스트리아-헝가리 출신의 미국 경제학자이다. 오스트리아학파에 많은 영향을 준 경제학자로, 창조적 파괴라는 용어를 경제학에서 널리 퍼뜨렸다. 저서로 《경제발전의 이론》, 《경기순환론》, 《자본주의, 사회주의, 민주주의》, 《경제분석의 역사》 등이 있다.

01.

Electric lighting is no great boon to anyone who has enough money to buy a sufficient number of candles and to pay servants to attend them. ⋯ Queen Elizabeth owned silk stockings. **The capitalist achievement does not typically consist in providing more silk stockings for queens but in bringing them within reach of factory girls in return for steadily decreasing amounts of effort.**

Joseph A.Schumpeter, 《Capitalism, Socialism and Democracy》, Routledge, 1943, p. 67

충분히 많은 양초를 구입할, 또 이 양초를 돌볼 도우미를 고용할 수 있을 만큼 많은 돈을 가진 사람에게는 전등조차도 큰 혜택이 아니다. ⋯ 엘리자베스 여왕은 비단양말을 가지고 있었다. **자본주의적 업적은 전형적으로 여왕을 위해서 더 많은 비단양말을 마련해주는 데 있지 않고, 공장의 여공들이 끊임없이 줄어드는 노력을 대가로 비단양말을 손에 넣을 수 있게 해주는 데에 있다.**

조지프 슘페터, 《자본주의·사회주의·민주주의》, 변상진 옮김, 한길사, 2011, 159~160쪽

02.

We have just seen that, both as a fact and as a threat, the impact of new things-new technologies for instance-on the existing structure of an industry considerably reduces the long-run scope and importance of practices that aim, through restricting output, at conserving established positions and at maximizing the profits accruing from them. We must now recognize the further fact that restrictive practices of this kind, as far as they are effective, acquire a new significance in the **perennial gale of creative destruction**, a significance which they would not have in a stationary state or in a state of slow and balanced growth.

Joseph A.Schumpeter, 《Capitalism, Socialism and Democracy》, Routledge, 1943, p. 87

perennial·지속되는   gale·돌풍

우리가 알아낸 것은 바로 현존 산업구조에 대해서 새로운 사태 – 예컨대 새로운 기술 – 가 가하는 사실 또는 위협으로서의 충격은 장기적 시야를 상당히 축소시키며, 또한 생산량 제한을 통해 이미 확립된 지위를 온전히 잘 지켜 나가며, 그 지위에서 생기는 이윤을 극대화하려는 실행의 장기적 범위와 중요성을 상당히 축소시킨다는 것이다. 우리는 이제 아래와 같은 그 이상의 사실을 인식해야만 한다. 즉 이런 종류의 제한적 실행은 그것이 효과적인 한 **창조적 파괴의 끊임없는 돌풍** 속에서는 새로운 의의, 다시 말해 정지 상태 또는 저속의 균형성장 상태에서는 갖지 못할 의의를 얻는다는 것이 그것이다.*

*번역문 일부 수정

조지프 슘페터, 《자본주의·사회주의·민주주의》, 변상진 옮김, 한길사, 2011, 189~190쪽

창조적 파괴의 조건, 끊임없는 돌풍

조지프 슘페터는 창조적 파괴라는 그 유명한 용어로 우리에게 잘 알려진 경제학자다. 유럽에서 교수뿐만 아니라 재무장관 은행가 등 다양한 경력으로 활동하다가 1932년 미국으로 건너가 하버드대 교수를 역임한다. 칼 마르크스와 레옹 발라를 모두 추종하는 역사학파 학자로, 경제발전을 하나의 창조적 파괴 과정이자 혁신과 모방에 의해 반복해 일어나는 주기적 성장으로 바라봤다.

슘페터는 자본주의의 역동성과 관련해 특히 두 가지를 강조했다. 자본주의의 핵심 주역이 기업가라는 점, 대량 생산으로 인해 부자뿐만 아니라 일반 대중도 자본주의의 편익을 누리게 된다는 점이다.

그러나 슘페터는 **자본주의 역동성**에 주목하던 **초기 저작**과는 달리 **후기 저작** 《자본주의, 사회주의, 민주주의》에서는 제2차 세계대전을 겪은 때문인지 **자본주의에 대한 비관적 전망 혹은 경고**에 치중했다. 자본주의가 결국 사회주의에게 자리를 내주게 될 것이라고 전망한 것이다. 다만 그 과정에 대한 예측은 마르크스의 주장과는 전혀 달랐다. 프롤레타리아 혁명 대신 자본주의의 모순적 행태에 대한 **지식인들의 반발**을 사회주의 이행의 추동력으로 봤다. 우리 한국식으로 얘기하면 강남 좌파정도를 지칭한 것일 수 있겠다.

슘페터가 자본주의의 역동성을 설명하기 위해 엘리자베스 영국 여왕과 공장 여공을 대비시킨 대목은 이채롭다. 전등이든 비단 양말이든 모든 상품이 자본주의 방식으로 대량 생산된다는 것의 의미는 부자나 여왕에게는 큰 의미를 가지지 않는다고 설명한다. 그러나 그동안 혜택을 누리지 못하던 사람들에겐 엄청난 문명의 발전으로 받아들여질 것이라는 의미다. 자본주의 생산양식이 갖는 본질적 의미를 제대로 이해시키는 좋은 구절이 아닐까 싶다.

창조적 파괴를 설명하는 대목에서는 신기술 등 새로운 변화가 기성 질서와 벌이는 충돌에 주목했다. 그러면서 창조적 파괴라는 용어 앞에 두 단어를 조건처럼 붙였다. 창조적 파괴가 기성 질서를 무너뜨리고 새로운 질서를 만들어 내기 위해서는 이 과정이 **끊임없는 돌풍**perennial gale처럼 지속돼야 한다는 것이다. 그래야만 새로운 것이 낡은 것을 제치고 그 자리를 차지할 수 있다는 설명이 된다. 일단 창조적 파괴를 통해 새로운 것이 주된 자리를 차지하게 되면 이제는 그것이 투자자들에게 가장 유망한 투자 대상으로 떠오를 것이다. 여기가 슘페터의 금융론에 연결되는 지점이다.

리처드 캉티용 1680년~1734년 5월 14일

아일랜드-프랑스 경제학자이자 〈일반 상업 본질 소론〉의 저자이다. 캉티용의 삶에 대한 정보는 거의 없지만 어린 나이에 성공한 은행가이자 상인이 된 것으로 알려져 있다. 〈일반 상업 본질 소론〉은 캉티용의 경제학에서 유일하게 살아남은 기여로 남아 있다.

01.

If the farmer has enough capital for this enterprise … he will keep for himself, after paying all expenses, one-third of the farm's production. But if a competent laborer, who lives on his wages from day to day and who has no land, can find someone willing to lease land or the money to buy some, he will be able to **give the lender all of the third rent**, or one-third of the production of the farm over which he will become the farmer or entrepreneur.

만약 농업자본가가 그의 사업을 수행할 만큼 충분한 자본을 가지고 있다면, … 그는 모든 경비를 지불한 뒤 생산물의 3분의 1 정도를 자신이 가질 것이다. 그러나 능력있는 농부가 자본은 없고 매일 임금을 받아서 생활할 정도인데, 만약 자금을 빌려줄 사람을 만난다면, 그는 자본을 빌려준 사람에게 3분의 1 정도를 **제3의 지대(이자)로 갚을 수 있을 것**이다.

01.

However, he will see his condition improved because he will obtain his upkeep in the second rent, and will become master instead of employee. If he can save and do without some necessities, **he can gradually accumulate some capital and have less to borrow every year.** Eventually, he will manage to keep all of the third rent.

Richard Cantillon, 《Essay on the Nature of Commerce in General》,
Ludwig von Mises Institute, 2010, p. 170

그렇지만 그는 자신이 하인이 되기보다는 스스로 사업을 영위하여 (지대를 제외한) 나머지 3분의 1을 가지고 생활할 수 있으므로 자신의 처지가 개선된 것으로 생각할 것이다. 만약 그가 쓸 것 다 쓰고도 저축을 할 수 있다면 **그는 조금씩 자본을 쌓게 되고 매년 빌려야 할 돈이 줄어들 것이다.** 결국 그는 제3의 지대(이자)를 자기가 자기게 될 것이다.*

*번역문 일부 수정

홍기현, 《알고 보면 재미있는 경제원리》, 서울대학교출판부, 2008, 41쪽

01.

I merely want to show that **productive interest has its source in profits**, that it is by nature an offshoot of the latter, and that it, like that which I call the “interest aspect” of returns, spreads from the profits incident to the successful carrying out of new combinations over the whole economic system and even **forces its way into the sphere of old businesses, in whose life it would not be a necessary element if there were no development**.

내가 증명하는 것은 단순히 다음과 같은 점들이다. 즉, **생산적 이자는 기업가 이윤 속에 그 원천을 갖고 있다**는 것, 그것은 본질적으로 기업가 이윤의 파생적 결과라는 것, 생산적 이자, 그리고 내가 이익 중 ‘이자로 간주되어야 하는 것’이라고 부르는 것은 새로운 결합의 성공적 수행에서 발생한 이윤에서 전국민경제로 파급되고, **만일 발전이 없었다면 이 생산적 이자는 그 기업존립에 필수적인 요소라고 볼 수 없었던 낡은 기업세계 속으로도 파급되어 간다**는 것이다.

01.

This is all I mean by the statement: **"the 'static' economy knows no productive interest"** — which is certainly fundamental to our insight into the structure and workings of capitalism

Joseph A. Schumpeter, 《The Theory of Economic Development》, Routledge, 1980, p.241

내가 주장하고자 하는 것은 단지 **"'정태적靜態的' 경제는 생산적 이자와 무관하다"**는 것인데 이것은 자본주의 작동과정 및 그 경제구조에 관한 우리들의 통찰에 있어서 근본적인 것이다.*

*번역문 일부 수정

조지프 슘페터, 《경제발전의 이론》, 박영호 옮김, 지식을만드는지식, 2012, 236쪽

02.

Therefore present sums of money — so to speak as potentially bigger sums — will have a value premium, which will also lead to a price premium. And **in this lies the explanation of interest**.

Joseph A. Schumpeter, 《The Theory of Economic Development》, Routledge, 1980, p.287-288

따라서 현재 화폐액은 소위 잠재적인 보다 큰 화폐액으로서 가치프리미엄을 가지고 이것에 의해 가격프리미엄을 갖게 된다. **여기에 이자의 설명이 존재하는 것이다.**

조지프 슘페터, 《경제발전의 이론》, 박영호 옮김, 지식을만드는지식, 2012, 282쪽

해설

이자의 원천은 기업가의 이윤,
경제가 성장해야 생긴다

《성경》 말씀이나 《베니스의 상인》에 나오는 샤일록의 사례에서 보듯이 이자라는 것은 그 정당성을 처음부터 인정받아온 것은 아니었다. 자고로 이자를 부담하는 주체가 기본적으로 고단하고 힘든 사람들이었기에 이자를 받는다는 것이 수탈에 의한 불로소득처럼 비칠 수밖에 없었을 것이다. 그러나 엄연한 경제적 현상인 이자를 이렇게 공동체 윤리 측면에서만 이해한다면 이것은 경제학이 아니다.

근대 이후 화폐나 이자에 대한 경제학적 연구가 활발해지면서 이 문제를 해결해보려는 시도가 줄을 이었다. 이 가운데 가장 명료한 해답을 제시한 학자는 화폐이론 전문가들이 아니라 경제발전론 분야로 유명한 조지프 슘페터라는 주장*에 동의하고 싶다. 슘페터는 기본적으로 경제성장이 없는 경제에서 이자는 제로(0)라고 전제한 뒤, 이자는 기업가의 이윤에서 나온다고 강조한다. 고대나 중세처럼 경제성장이 제로에 가까운 시대에 이자의 긍정적 기능을 부여하기

* 홍기현, 《알고 보면 재미있는 경제원리》, 서울대학교출판부, 2008, 109쪽

어려운 이유를 잘 설명해줄 수 있는 원리다.

숨페터의 이야기를 좀 더 알아보기 전에 경제사상사에서 기업가의 개념을 처음으로 잘 정립한 리처드 캉티용을 먼저 간단히 살펴보자. 18세기 전반기에 활동한 캉티용에 대해선 해석이 분분하다. 은행가였지만 투기꾼이기도 했고, 종국엔 불 탄 집에서 시체로 발견된 불운한 사기꾼으로 분류되기도 한다. 당시 시대 상황을 감안할 필요가 있겠고, 혁신적 기업가와 사기꾼은 어쩌면 공통점이 없지 않은, 깻잎 한 장 차이일지 모른다. 우리 식으로 말하면 대동강 물장사 같은 사람이었던 듯하다.

아무튼 그는 사후 발견된 원고로 1755년 뒤늦게 출간된 그의 책에서 기업가를 이렇게 정의한다. **지주를 제외한 경제적 계층은 기업가와 피고용자로 분류되며, 이 중에서 기업가란 위험부담을 지고 자신의 사업을 하는 사람이다.** 그가 농업자본가를 예로 든 구절은 너무 단순하긴 하지만, 기업가의 이윤과 이자의 원리를 아주 쉽게 잘 설명해주고 있다. 농업 중심에서 산업화 시대로 넘어가기 이전이었던 당시 시대 상황에 비추어 선구적 시각이었음에 분명하다.

이쯤 되면 이자에 관한 숨페터의 긍정적 학설이 어렴풋이 그려진다. 앞서 지적했듯이 숨페터는 정태적 경제static economy(경제성장이 없는 정체 상태의 경제)에서는 이자productive interest가 제로라고 전제했다. 이때는 자금이 낡은 기업세계 속으로 파급되어 갈 뿐이다. 따라서 기업가의 혁신에 의해 이윤이 발생해야만 비로소 생산적 이자가 생기게 된다. 만약 기업가 혁신이 없고 그 결과로 경제가 성장하지 않는 상태라면 그때의 이자는 단순히 상대방의 궁박함을 이용해서 프리미엄을 누리는 것이기에 생산적 이자가 되지 못한다.《성경》등에 나오는 단순 대금업일 뿐이다.

　그런데 기업가의 혁신이 가능하기 위해서는 진취적인 은행가가 혁신가에게 신용의 형태로 자본을 빌려주는 일이 먼저 필요하다. 이때 은행가는 혁신 역량을 잘 심사해야 함은 물론이다. 이런 과정을 통해 새롭게 투입된 자본이 기술혁신에 큰 기여를 하게 된다면 이 자본에 대한 이윤 배분(이자)은 정당한 일이 된다. 결국 **슘페터에게 자본주의의 성공**은 이런 것이다. **기업가의 혁신으로 이윤이 발생하고 이것이 이자로 나누어지거나 임금을 올리게 만든다면 시장경제는 성장을 이루게 될 것이라는 선순환의 사이클**인 셈이다. 슘페터가 이자를 두고 발전의 산물이자 위대한 사회적 현상이라고 찬사를 아끼지 않은 이유다.

《명심보감》

01.

凡語必忠信, 凡行必篤敬, 飮食必愼節, 字劃必楷正, 容貌必端莊, 衣
冠必肅整, 步履必安詳, 居處必正靜, 作事必謀始, 出言必顧行, 常德
必固持, 然諾必重應, **見善如己出, 見惡如己病.**

秋適(추적), 《明心寶鑑(명심보감)》, 1305

'무릇 말은 참되고 미더워야 하고, 행동은 독실하고 공경스러워야 한다.

마시거나 먹을 때는 삼가고 절제해야 하고, 글자를 쓸 때는 곧고 반듯해야 한다.

몸가짐은 단정해야 하고, 옷차림은 정숙하고 가지런해야 한다.

걸음걸이는 안정되며 차분해야 하고, 머물 때는 바르고 고요해야 한다.

일을 할 때는 계획을 세워 시작해야 하고, 말을 할 때는 실천 여부를 고려해야
한다.

일상에서는 한결같은 덕을 굳게 지키고, 승낙할 때는 신중하게 대답해야 한다.

**선행을 보면 자신에게서 나온 것처럼 좋아하고, 악행을 보면 자신이 저지른
병폐처럼 여겨야 한다.**

범립본, 《명심보감》, 신동준 옮김, 인간사랑, 2013, 323쪽

견선여기출,
견악여기병

셰익스피어의 희곡 《베니스의 상인》에 나오는 샤일록처럼 세계 금융은 유대인들이 장악하고 있다. 유대인들의 금융 네트워크가 유독 강한 이유는 앞에서 살펴본 것처럼 그리스도교 영향이 크다. 이밖에 유대인들의 결속력, 영어권 언어 구사 능력 등을 꼽을 수 있을 것이다.

그러면 금융 강국을 구호처럼 얘기해온 한국은 어떤가. **금융 유전자DNA**가 우리 몸속에, 사회적 전통에, 그 어딘가에 들어 있을까. 미국, 유럽 등 서구 선진국은 몰라도 아시아를 대상으로 진출할 경우 한국 금융에 큰 기회가 있을 수 있다고 주장하는 사람들이 많다. 이게 헛된 꿈일지 혹은 금융의 삼성전자를 탄생시킬 의미 있는 꿈이 될지 여부는 과연 한국인이 금융 유전자를 갖고 있느냐에 달렸다. 이와 관련해서 필자는 《명심보감》의 입교편立敎編 내용을 놓고 생각해보고 싶다.

언젠가 경북 안동에 위치한 퇴계 이황의 종택을 방문했을 때 그곳 종손으로부터 전해 들은 이야기의 한 대목이다. 당시 귀가 어두

위 필담으로 대화를 나눌 수밖에 없었던 초로의 종손은 퇴계 가문에서 대대로 내려오는 가훈 같은 것이 있느냐고 묻자 이렇게 답했다. "특별한 것은 없지요. 다만 명심보감에 입교편이 있어요. 거기에 보면 **견선여기출, 견악여기병**이라는 구절이 나옵니다. 이 구절을 가르침으로 어른들께 많이 들었습니다."

뜻을 풀이하면 이렇다. 좋은 일을 보면 자기 일처럼 좋아하고, 나쁘거나 가슴 아픈 일을 보게 되면 이 또한 자기에게 병이 생긴 것처럼 안타까워한다는 것이다. 이런 구절 내용에 대한 그의 설명은 이랬다. 한 마디로 **선비정신**이고, **사회 지도층의 윤리의식이자 직업의식**이었던 것 같다는 것이다. 예로부터 어려운 이들을 조용히 돕는 집안 분위기도 이《명심보감》구절과 관련이 있다고 했다.

사실 그의 이런 해석은 본인이 의도한 것은 아니겠으나, 바로 금융의 본질에 직결되는 내용이라고 필자는 생각한다. 앞에서 슘페터의 금융론에서 살펴보았듯이, 수많은 비즈니스 가운데 혁신적 기업가를 골라내고 혁신적 사업 아이디어를 심사하는 일(뱅킹)이 바로 이 정신과 흡사하기 때문이다. **좋은 일을 보고 자기 일처럼 기뻐할 수 있다면 그게 바로 뱅킹의 마음**이다. 개인적인 생각이 많이 들어간 판단이지만, 이런 정신은 어쩌면 샤일록으로 대변되는 유대 금융을 앞서는 덕목이 아닐까 싶다. 비 올 때 우산을 거두어들이는 게 금융의 안정성을 위해 불가피한 측면이 있겠으나 베니스 상인 같은 유대인 스타일의 금융이 결코 최선이 아닐 수도 있지 않을까.

3

보이지 않는 손

보이지 않는 손

01.

The rich consume little more than the poor, and in spite of their natural selfishness and rapacity···they divide with the poor the produce of all their improvements. They are led by an **invisible hand** to make nearly the same distribution of the necessaries of life, which would have been made, had the earth been divided into equal portions among all its inhabitants, and thus without intending it, without knowing it, advance the interest of the society, and afford means to the multiplication of the species.

Adam Smith, 《The Theory Of Moral Sentiments》, Liberty Press, 1759[1982], p. 184–185

rapacity·탐욕

부자들은 가난한 사람보다 별로 많이 소비하지도 못한다. 그리고 그들의 천성의 이기심과 탐욕에도 불구하고, 그들은 자신들의 모든 개량의 성과를 가난한 사람들과 나누어 가진다. 그들은 **보이지 않는 손**에 이끌려서 토지가 모든 주민들에게 똑같이 나누어졌을 경우에 있을 수 있는 것과 같은 생활필수품의 분배를 하게 된다. 그리하여 무의식중에, 부지불각 중에, 사회의 이익을 증진시키고 인류 번식의 수단을 제공하게 된다.

애덤 스미스, 《도덕감정론》, 박세일·민경국 옮김, 비봉출판사, 1996, 345~346쪽

02.

As every individual ⋯ endeavours as much as he can both to employ
his capital in the support of domestic industry, and so to direct that
industry that its produce may be of the greatest value; every individual
necessarily labours to render the annual revenue of the society as
great as he can. **He generally, indeed, neither intends to promote
the public interest, nor knows how much he is promoting it.** By
preferring the support of domestic to that of foreign industry, he
intends only his own security; and by directing that industry in such a
manner as its produce may be of the greatest value, he intends only his
own gain, and he is in this, as in many other cases, led by an **invisible
hand** to promote an end which was no part of his intention.

Adam Smith, 《An Inquiry into the Nature and Causes of the Wealth of Nations》,
Clarendon Press, 1776[1979], p. 456

따라서 각 개인이 최선을 다해 자기 자본을 국내산업의 지원에 사용하고
노동생산물이 최대의 가치를 갖도록 노동을 이끈다면, 각 개인은 필연적으로
사회의 연간수입을 그가 할 수 있는 최대치가 되게 하려고 노력하는 것이 된다.
**사실 그는 공공의 이익을 증진시키려고 의도한 것도 아니며 그가 얼마나
기여하는지도 알지 못한다.** 해외산업보다 국내산업의 지원을 선호함으로써
그는 오직 자신의 안전을 의도한 것이고, 노동생산물이 최대의 가치를 갖도록
그 노동을 지도함으로써 그는 오직 자신의 이득을 의도한 것이다. 그는 이렇게
함으로써 (다른 많은 경우와 같이) **보이지 않는 손**에 이끌려 그가 전혀 의도하지
않은 목적을 증진시키게 된다.

애덤 스미스, 《국부론 상권》, 김수행 옮김, 비봉출판사, 2007, 434쪽

해설

'보이지 않는 손'은
《국부론》에 단 한 번 나온다

애덤 스미스는 원래 개인의 자유를 중시하고 능력에 따른 보상을 강조하는 품성의 인물이었던 듯하다. 그는 당시 영국 최고의 명문대인 옥스퍼드대를 중간에 그만두고 자유분방한 학풍의 글래스고대로 옮겨 학위를 마친다. 옥스퍼드대와 케임브리지대의 교수들이 능력에 비해 너무 많은 보수와 신망을 받고 있다고 당시 주류 학계를 개탄했을 정도였다.

글래스고대의 철학 교수가 된 뒤 그는 자신의 강의 내용을 바탕으로 **1759년 《도덕감정론**The Theory of Moral Sentiments**》**이라는 책을 출간한다. 경제학 용어 가운데 아마도 세상에서 가장 유명한 개념인 **보이지 않는 손이 우리에게 역사상 처음 등장**하는 순간이다.

스미스가 주목한 현상은 이렇다. 누가 미리 정밀하게 계산을 하거나 계획을 짜 맞춘 게 아닌데도 세상 재물은 사람들에게 그럭저럭 먹고살 만큼 배분되고, 이를 각자 소비하며 살아가고 있더라는 것이다. 부자라고 하루에 열 끼를 먹지 못하고, 자기에게 남는 여유분이 있다면 이를 가난한 자와 나누게 된다. 그런데 그 결과가 희한하다.

서로 필요에 따라 주고 나눴을 뿐인데, 누군가가 마치 세상 물자를 미리 사람들 수대로 동일하게 나눈 것과 유사하게 적당한 배분이 이뤄져 있는 것이 아닌가. 누군가의 보이지 않는 손이 계획적으로 그리 만들어 놓은 듯이.

애덤 스미스는 《도덕감정론》을 펴낸 지 17년이 지난 1776년 그의 성숙한 학문세계를 바탕으로 《국부론》을 완성한다. 《국부론》에서도 보이지 않는 손에 대한 언급이 나온다. 그런데 놀라지 말라. 《도덕감정론》에서 서너번 나왔던 이 용어가 정작 《국부론》에선 **단 한 번 등장**할 뿐이다. **그것도 살짝 스쳐 지나가듯이.** 사실 보이지 않는 손 용어가 가장 많이 등장하는 곳은 스미스가 말년에 저술한 〈천문학사 (원제는 철학적 주제들에 관한 소고)〉 논문이다. 이 책은 **뉴턴의 물리학을 모방한 것인데, 결국 스미스의 자연질서는 뉴턴의 물리학을 경제에 비유적으로 적용한 것**으로 봐야 할 것 같다. 결국 보이지 않는 손은 대자연 이면의 우주원리 혹은 신의 섭리와 연결된다.

《도덕감정론》에 등장한 보이지 않는 손이 **개인 소비자들** 사이의 물자 배분에 관한 시장의 원리를 설명한 것이었다면 《국부론》에 나오는 보이지 않는 손은 그 반대다. **생산자들**의 개별 비즈니스 활동이 사회 전체의 물자 공급과 어떻게 서로 맞아떨어지게 되는지 설명하는 과정에 등장한다. 개별 생산자들은 사업가로서 자신의 이익을 위해 노력할 뿐이지만 그 결과는 그들의 의도와는 달리 전체 공공의 이익이라는 조화로운 목표를 달성하게 되더라는 것이다.

《국부론》

01.

But those exertions of the **natural liberty of a few individuals, which might endanger the security of the whole society**, are, and ought to be, **restrained by the laws** of all governments, of the most free as well as of the most despotical.

Adam Smith, 《An Inquiry into the Nature and Causes of the Wealth of Nations》, Clarendon Press, 1776[1979], p. 324

despotical·포악한

그러나 **사회 전체의 안정을 위협하는 몇몇 개인의 자연적 자유의 행사**는 가장 자유로운 정부이든 가장 전제적인 정부이든 모든 정부의 **법률에 의해 제한**되고 있으며 또 제한되어야만 한다.

애덤 스미스, 《국부론 상권》, 김수행 옮김, 비봉출판사, 2007, 311쪽

02.

The savage injustice of the Europeans rendered an event, which ought to have been beneficial to all, ruinous and destructive to several of those unfortunate countries.

Adam Smith, 《An Inquiry into the Nature and Causes of the Wealth of Nations》, Clarendon Press, 1776[1979], p. 448

savage·잔인한

그러나 유럽인들의 잔인한 행동으로 말미암아 모두에게 유익해야 했을 그 사건 아메리카 대륙의 발견이 몇몇 불운한 나라의 주민들에게는 파괴적이고 파멸적인 사건으로 되었다.

애덤 스미스, 《국부론 상권》, 김수행 옮김, 비봉출판사, 2007, 427쪽

'보이지 않는 손'과 자유방임은
절대로 동의어가 아니다

애덤 스미스는 **보이지 않는 손이 제대로 작동하기 위한 전제 조건**으로 딱 한 가지를 들었다. 소비자든 생산자든 **경제 주체들의 자유로운 선택이 보장돼야 한다**는 것이다. 중상주의에 반대한 그의 기본적 자유방임주의 철학이다.

그렇다고 해서 애덤 스미스가 모든 것을 자유에 맡겨 방임하자는 식의 주장을 한 것으로 생각하면 오해다. 사실 주위에 이런 오해가 많다 보니 우리 사회에 자유주의가 들어설 자리가 너무 좁아져 있다. **애덤 스미스의 보이지 않는 손은 무제한적인 자유방임과 결코 동의어가 아니다.** 어쩌면 애덤 스미스의 《국부론》과 보이지 않는 손 개념이 가진 진정한 의의는 개인의 자유를 어디까지 제한(허용)할 것이냐를 처음으로 고민했다는 점일지도 모른다.

애덤 스미스는 하늘로부터 인간에게 내려진 기본적 자유라는 의미에서 천부의 자유natural liberty를 강조한다. 직업 선택의 자유나 거주 이전의 자유 등 흔히 거론되는 개인적 자유의 범위를 최대한 보장하는 것은 기본이다. 하지만 천부의 자유라고 해서 개인의 선택이 모두 허용될 수는 없다고 보았다. 몇몇 **개인의 자유가 사회 전체에 위해를 가할 수 있을 경우엔 그 자유도 반드시 제한되어야 한다**는 분명한 전제를 달아 놓았다. 요즘 같으면 화재 예방을 위한 각종 규제나 금융, 환경, 보건 관련 규제들이 대표적으로 여기에 해당할 수 있겠다. 일부 개인의 일탈이 공동체의 안전을 해칠 수 있기 때문이다.

결국 애덤 스미스 철학의 핵심은 **개인의 자유를 최대한 존중하되 사회 전체에 손해를 가져올 일부 경우에 국한해 그 자유를 제한적으로 제약할 필요가 있다**는 것이다. 대신 그것을 제외한 나머지 모든 경우는 자유 원칙을 준수해야 한다는 점을 강조하고 있다. **그래야만 이기심에 기초한 인간 본성의 행동들이 잘 발현**되고, 이것이 궁극적으로 공공에게 최선의 결과를 만들어 주게 된다는 뜻이다.

자유방임이 항상 최선의 결과를 가져오는 것은 아니라는 스미스의 엄연한 지적은 하나의 국가나 공동체에만 국한되지 않는다. 어느한 쪽의 무절제가 전체의 안전과 이익을 해치는 결과라면 그것이 **국가 간 관계**라 하더라도 마찬가지라고 생각했다. 중상주의에 대한 반대 입장에서 자유무역을 적극 옹호하면서도 **자유무역이 항상 모두에게 유리한 것은 아니라며** 예외를 인정했다. 그의 이런 시각은 미국 대륙의 발견과 정복 그리고 대서양을 사이에 두고 시작된 유럽과 미주 대륙의 무역에 관한 비판에 잘 나타나 있다. 국가 간 분쟁의 중재자로서 국제기구나 국제 협약 등의 필요성을 일찌감치 제기한 셈이다.

프리드리히 하이에크 1899년 5월 8일~1992년 3월 23일

오스트리아에서 태어난 영국의 경제학자이자 정치철학자이다. 그는 신자유주의 아버지로 불린다. 1938년 영국 시민권을 취득하였다. 1974년 화폐와 경제 변동에 관한 연구로, 이데올로기적 라이벌인 스웨덴의 경제학자 군나르 뮈르달과 더불어 노벨 경제학상을 수상했다. 1991년에는 미국 대통령 자유 메달을 받았다.

01.

Adam Smith was the first to perceive that we have stumbled upon methods of ordering human economic cooperation that exceed the limits of our knowledge and perception. His 'invisible hand' had perhaps better have been described as an **invisible or unsurveyable pattern**.

> stumble upon·발견하다

우리가 우리의 지식과 지각으로는 파악할 수 없는 경제적 협동을 정리하는 방법을 처음으로 파악한 사람은 바로 애덤 스미스이다. 그의 '보이지 않는 손'은 아마도 **보이지 않는, 또는 관측할 수 없는 패턴**이라고 기술하였다면 더 좋았을 것이다.

01.

We are led – for example by **the pricing system in market exchange** – to do things by circumstances of which we are largely unaware and which produce results that we do not intend. In our economic activities we do not know the needs which we satisfy nor the sources of the things which we get.

Friedrich August Hayek, 《THE COLLECTED WORKS OF Friedrich August Hayek》, Routledge, 1988, p. 4.

우리는 주로 우리가 알지 못하고 우리가 의도하지 않은 결과를 가져오는 상황에 의해, 예를 들면 **시장에서의 교환과 같은 가격체계**에 의해 무엇을 하게 된다. 우리는 경제 행위에서 우리를 만족시켜주는 욕구가 무엇인지 알지 못할 뿐만 아니라, 우리가 획득하게 된 것들이 어디에서 나왔는지도 알지 못한다.

프리드리히 하이에크, 《치명적 자만》, 신중섭 옮김, 한국경제연구원, 1996, 40쪽

02.

The successful use of competition as the principle of social organization precludes certain types of coercive interference with economic life, but it admits of others which sometimes may very considerably assist its work and even **requires certain kinds of government action**···

To prohibit the use of certain poisonous substances, or to require special precautions in their use, to limit working hours or to require certain sanitary arrangements, is fully compatible with the preservation of competition. The only question here is whether in the particular instance **the advantages gained are greater than the social costs they impose**.

Friedrich August Hayek, 《The Road to Serfdom》, Routledge, 1944, p. 36

preclude·못하게 하다   coercive·강압적인

사회적 조직의 원칙으로 경쟁을 성공적으로 활용하기 위해서는 경제활동에 대한 특정한 유형의 강제적 간섭을 배제해야 하지만, 경쟁의 작동을 상당히 도와줄 수도 있는 다른 유형의 간섭은 인정하며, 심지어 **특정한 종류의 정부행동은 필요한 것**이기도 하다···

특정한 독성물질의 사용 금지, 혹은 독성물질의 사용에 대한 특별한 예방조치의 의무화, 근로시간의 제한, 혹은 위생시설의 의무화와 같은 것은 경쟁의 보존과 완전히 양립하는 것이다. 여기에서 남은 유일한 질문은 그런 **특정한 제한으로 얻는 이득이 그와 같은 제한으로 입게 될 사회적 비용보다 더 큰지 여부**이다.

프리드리히 하이에크, 《노예의 길》, 김이석 옮김, 자유기업원, 2018, 76~77쪽

자유방임에 대한 '아둔한' 고집이
자유주의의 명분을 망친다

프리드리히 하이에크는 고전파 자유주의의 대표 주자이며, 칼 멩거에서 시작해 루트비히 폰 미제스 및 조지프 슘페터 등을 배출한 오스트리아학파의 한 사람이었다.

제 1, 2차 세계대전 당시 좌파 사회주의 및 전체주의 경제 정책이 득세하자 케인스의 이론에 대항하여 정부의 개입에 극력 반대했다. 케인스에 대한 날카로운 비판은 하이에크를 곧바로 케인스에 필적할 거물 경제학자로 부상시켰다.

케인스주의에 밀리던 자유주의 경제학은 1970년대 서구의 복지병과 경기 침체 현상이 확산되자 새로운 계기를 만난다. 자유시장 중시와 계획경제 비판을 요체로 한 하이에크의 이론이 재조명되었고, 1980년대 레이거노믹스와 대처리즘을 필두로 하는 신자유주의 출현의 이념적 기반이 되었다.

이런 하이에크의 자유주의적 철학은 애덤 스미스의 보이지 않는 손에 대한 그의 믿음에서도 잘 드러난다. 다만 그는 애덤 스미스의 보이지 않는 손이라는 용어 대신 보이지 않는 혹은 관찰할 수 없는 패턴이라는 표현이 더 적절했을 것 같다고 말한다. 시장 기능에 관한 막연한 표현보다는 수요 공급의 가격체계야말로 다양한 개인들의 상이한 행동을 조정하면서 시장경제를 보이지 않게 이끄는 하나의 시스템이라고 본 것이다.

하이에크는 그의 희대의 명저《노예의 길Der Weg zur Knechts-chaft》로 더 유명하다. 훗날 밀턴 프리드먼은 이 책을 18세기 애덤 스미스의《국부론》에 비견되는, 세계의 사회 정치적 정책 툴을 송두리째 바꾸는 기념비적 작품이라고 극찬했다. 하이에크는 책 서두에서 **"나치즘이 사회주의의 필연적 결과"**라고 단언했다. **경제적 자유를 수호하지 못하면 좌파 사회주의가 범람하고 그의 반동으로 인해 결국 전체주의가 판을 치게 된다**는 것이다. 그래서 경제적 자유의 수호가 무엇보다 중요하다고 봤다. 경제적 자유 없이 개인적, 정치적 자유가 있어본 적이 없기 때문이라는 것이다.

그러나 하이에크도 정부의 개입의 필요성을 무조건 부정하지는 않았다. 그는 **자유방임의 원리에 대한 아둔한 고집만큼 자유주의의 명분에 역으로 심각한 해를 입힌 것은 없다**고 강조한다. 정부 규제가 필요한 곳엔 오히려 강력한 규제장치가 마련돼야 한다는 입장이었다. 경제적 자유와 경쟁을 옥죄는 독과점 부분에 대해선 특별히 철저한 규제를 통해 경쟁을 복원시켜야 한다고 강조했다. 대신 일반적인 정부 규제에 관해선 철저한 네거티브 시스템을 말한다. 정부의 제한적 개입을 인정하되 가급적 최소한의 수준에 머물러야 한다며 그 경제선까지 구체적으로 거론했다. 규제의 편익이 그 규제로 인한 사회적 비용보다 분명하게 큰 경우에 한해서만 일부나마 그 제약을 검토할 수 있다는 것이다.

그래서 하이에크에겐 사람들이 서로 공정한 경쟁을 벌일 수 있도록 균등한 기회를 보장해주는 법적 시스템 마련이 무엇보다 중요했다. **기회의 평등이 아니라 결과의 평등이나 조건의 평등은 시장 질서가 왜곡하고 개인들의 자유가 침해**되므로 절대 안 된다는 입장이었다.

니컬러스 그레고리 맨큐 1958년 2월 3일~

미국의 경제학자이며 현재 하버드대 경제학과 교수이다. 맨큐는 거시경제학, 미시경제학, 통계학, 경제학 원론 등 많은 과목을 강의했다. 신 케인스학파에 속하는 케인지언으로 주요 연구업적으로는 메뉴비용에 관한 것이 있다. 저서로는 세계적인 베스트셀러가 된 《맨큐의 경제학》 등이 있다.

01.

Suppose our **social planner** tried to choose an efficient allocation of resources on his own, instead of relying on market forces. ⋯ The task is practically impossible, which explains why centrally planned economies never work very well. The planner's job becomes easy, however, once he takes on a **partner: Adam Smith's invisible hand** of the market place.

takes on·(일, 책임을) 맡다

우리의 **사회계획가**가 시장 기능에 의존하지 않고 자기 마음대로 효율적인 자원 배분 상태를 추구한다고 생각해보자. ⋯ 이것은 현실적으로 불가능하다. 바로 이런 이유 때문에 계획경제가 제대로 작동하지 못한 것이다. 그러나 이 사회계획가가 **애덤 스미스의 보이지 않는 손이라는 파트너**를 선택한다면 그의 일은 쉬워질 것이다.

01.

The invisible hand takes all the information about buyers and sellers into account and guides everyone in the market to the best outcome as judged by the standard of economic efficiency. It is, truly, a remarkable feat. That is why economists so often advocate **free markets as the best way to organize economic activity**.

N. Gregory Mankiw, 〈Principles of Economics〉, Cengage Learning, 2017, p. 146

feat·재주

보이지 않는 손은 시장에 존재하는 모든 소비자와 생산자가 가진 정보를 반영하여 모든 사람들에게 경제적 효율성의 관점에서 가장 바람직한 결과를 내도록 인도한다. 이것은 참으로 놀라운 기술이다. 이 때문에 경제학자들은 **자유로운 시장을 경제활동을 조직하는 가장 좋은 방법**이라고 생각하는 것이다.

그레고리 맨큐, 《맨큐의 경제학》, 최경환·김종석 옮김, Cengage Learning Korea, 2015, 172~173쪽

로런스 헨리 서머스 1954년 11월 30일~

제8대 국가경제회의 위원장, 제27대 하버드대 총장과 제71대 재무장관을 역임한 미국의 경제학자, 전 경제 관료이다. 현재 하버드대의 교수로 활동 중이다.

01.

What's the single most important thing to learn from an economics course today? What I tried to leave my students with is the view that the **invisible hand is more powerful than the [un]hidden hand**. Things will happen in well-organized efforts without direction, controls, plans. That's the consensus among economists. That's the Hayek legacy.

Daniel Yergin and Joseph Stanislaw,《The Commanding Heights:
The Battle Between Government and the Marketplace that Is Remaking the Modern World》,
Simon & Schuster, 2002, p. 132~133

오늘날 경제학 과정에서 배워야 할 것으로 단 한 가지 가장 중요한 것을 꼽는다면 과연 무엇일까? 내가 학생들에게 남겨주고자 하는 것은 바로 **보이지 않는 손이 드러난* 손보다 더 강력하다**는 점이다. 지시, 통제, 계획이 없어도 잘 조직된 노력이 기울여진다면 일이 잘 풀리게 되어있다. 그것이 바로 경제학자들 사이에 자리 잡은 컨센서스이다. 그것은 하이에크가 남긴 유산이다.

*번역문 일부 수정

다니엘 예르긴·조셉 스태니슬로,《시장 대 국가》, 주명건 옮김, 세종연구원, 1999, 245~246쪽

02.

It can no longer plausibly be asserted that the income distribution is relatively static or that average wage growth tracks productivity growth. ··· arguments that suggest the only way to raise the incomes of middle-class families is through measures to regulate business practices more heavily or to restrict increases in international trade are very dangerous. ··· The right approach is activist but it embraces activism that **goes with – rather than against – the grain of the market system**.

https://www.ft.com/content/68afa952-227d-11dc-ac53-000b5df10621

embrace·받아들이다

소득분배가 상대적으로 안정적이라거나 평균 임금 상승이 생산성 향상 증가를 잘 따라가고 있다는 주장은 더 이상 쉽사리 가능하지 않다. ··· 그렇다고 해서 중간층 가계의 소득을 끌어올리기 위해서는 기업 규제를 강화하거나 국제무역에 제한을 가하는 방법 외에는 달리 없다는 주장은 너무도 위험하다. ··· 뭔가 행동을 취해야 함은 옳지만, 그 행동은 **시장 시스템을 거스르지 않고 그 시스템과 같은 방향으로 움직이는 것**이어야 바람직하다.

래리 서머즈, 〈파이낸셜 타임즈〉 기고문, 2007

03.

No People can be **bound to acknowledge and adore the invisible hand**, which conducts the Affairs of men more than the People of the United States. Every step, by which they have advanced to the character of an independent nation, seems to have been distinguished by some token of providential agency.

https://www.archives.gov/exhibits/american_originals/inaugtxt.html

providential·섭리의

인간사를 경영하는 그 **보이지 않는 손을 인정하고 경배해야 할 의무**를 합중국의 국민보다 더 많이 진 국민은 없습니다. 합중국 국민이 독립국의 지위로 나아갔던 한 걸음 한 걸음이 신의 섭리를 보여 주는 어떤 징표를 달고 있었던 것으로 보이기 때문입니다.

조지 워싱턴, 제1차 취임사, 1861

경제학이 가르쳐야 할
가장 중요한 내용은?

그레고리 맨큐는 현직 하버드대 경제학부 교수로서, 국내에도 번역서로 소개된 그의 《경제원론Principles of Economics》 책으로 유명하다. 세계적으로 백만 부가 훨씬 넘게 팔려나간 베스트셀러다. 맨큐는 성장, 발전 등 거시경제학 전공자로서 뉴 케인지언학파에 속한다.

뉴 케인지언들은 신고전파의 미시경제학 기법을 동원하며 개인의 합리적 선택과 시장의 효율을 강조하는 대신 현실 경제의 불완전 경쟁 상황을 인정하고 그에 따른 **다양한 시장 실패를 현실**로 받아들인다. 맨큐는 정치적으로 보수 진영에 속해 공화당 정권 때마다 여러 차례 경제 자문을 맡았다.

맨큐의 《경제원론》에는 애덤 스미스의 보이지 않는 손이 이렇게 기술돼 있다. 뉴 케인지언답게 그는 먼저 소셜 플래너를 등장시킨다. 그러나 이 소셜 플래너가 신이 아닌 이상 세상의 모든 정보를 갖는 것이 불가능하기 때문에 혼자 능력으론 최선의 솔루션을 찾아낼 수 없고 누군가 파트너의 힘을 빌면 일이 쉬워진다는 것이다. 그런데 애덤 스미스가 얘기한 시장의 보이지 않는 손이 바로 최선의 파트너라는 게 맨큐의 설명 방식이다.

맨큐가 리퍼블리컨Republican이라면 로렌스 서머스는 민주당 지지의 데모크랫Democrat이다. 그는 폴 사뮤엘슨 등 유명 경제학자들의 명문가 집안이며, 재무장관과 하버드대 총장을 지낸 미국 주류 사회의 핵심 인물이다. 서머스도 **시장의 실패를 인정하며 부분적인 정부 개입을 옹호**한다. 그럼에도 불구하고, **보이지 않는 손에 의한 시장의 힘이 정부의 감춰진 혹은 드러낸 손보다 훨씬 강력하다**며, **이런 사실을 젊은 학생들에게 믿음으로 심어줘야 한다고 강조**한다.

미국 주류 경제학자들의 시장 중시 철학은 확고해 보인다. 세계 패권국으로서 지위를 지키기 위한 논리이기도 하겠지만, 자본주의 시장경제를 지키는 최종 보루가 경쟁이라는 믿음이 깔려 있다. 유권자의 표를 의식해 국내 중산층의 소득을 올리고자 하는 다양한 포퓰리즘 정책 경쟁이 이뤄지는 것은 선진국도 마찬가지인 듯하다. 서머스는 다만 그게 시장 시스템을 거스르거나 훼손하지 말고 반드시 시장의 힘에 의지하는 방식으로 달성하도록 해야 한다고 무겁게 강조한다.

시장에 대한 이런 굳은 믿음은 한국경제 현실과 많이 대비된다. 2005년 노벨경제학상을 수상한 토마스 셸링은 2006년 초 저자와의 인터뷰에서 **"한국은 다른 정책보다 분배정책을 쉽게 생각하는 것 같은데, 사실 가장 어려운 정책이 분배정책"**이라고 말했다. 뼈아픈 지적이다.

가치론

가치론

01.

The word value, it is to be observed, has two different meanings, and sometimes expresses the utility of some particular object, and sometimes the power of purchasing other goods which the possession of that object conveys. The one may be called **'value in use'**; the other, **'value in exchange.'**

여기서 주의해야 할 것은 '가치'라는 단어가 두 개의 상이한 의미를 가진다는 점이다. 즉 때로는 어떤 특정한 물건의 유용성을 표시하고 때로는 **그 물건의 소유가 제공하는** 기타 물건들에 대한 구매력을 표시한다. 전자를 **'사용가치'**, 후자를 **'교환가치'**라 부를 수 있다.

01.

The things which have the greatest value in use have frequently little or no value in exchange; and, on the contrary, those which have the greatest value in exchange have frequently little or no value in use. Nothing is more useful than **water**: but it will purchase scarce anything; scarce anything can be had in exchange for it. A **diamond**, on the contrary, has scarce any value in use; but a very great quantity of other goods may frequently be had in exchange for it.

Adam Smith, 《An Inquiry into the Nature and Causes of the Wealth of Nations》, Clarendon Press, 1776[1979], p. 44–45

가장 큰 사용가치를 가진 물건들이 때때로 교환가치를 거의 가지지 않거나 전혀 가지지 않으며, 이와 반대로 가장 큰 교환가치를 가진 물건들이 때때로 사용가치를 거의 가지지 않거나 전혀 가지지 않는 경우가 있다. **물**보다 유용한 것이 없지만 물은 다른 것을 거의 구매할 수 없으며, 물과 교환으로 다른 물건을 얻을 수가 없다. 그와 반대로 **다이아몬드**는 사용가치를 거의 가지고 있지 않지만, 그것과 교환으로 매우 큰 수량의 다른 재화들을 얻을 수 있다.

애덤 스미스, 《국부론 상권》, 김수행 옮김, 비봉출판사, 2007, 34쪽

02.

If among a nation of hunters, for example, it **usually costs twice the labour** to kill a beaver which it does to kill a deer, one beaver should naturally exchange for or be **worth two deer**. It is natural that what is usually the produce of two days or two hours' labour, should be worth double of what is usually the produce of one day's or one hour's labour.

Adam Smith, 《An Inquiry into the Nature and Causes of the Wealth of Nations》,
Clarendon Press, 1776[1979], p. 65

beaver·비버

예컨대 수렵민족 사이에서 해리(비버)를 죽이는 것이 사슴을 죽이는 것보다 **두 배의 노동이 일반적으로 든다면**, 한 마리의 해리는 당연히 두 마리의 사슴과 교환되거나 **두 마리의 사슴과 같은 가치**가 있어야 할 것이다. 일반적으로 이틀 또는 두 시간의 노동생산물은 하루 또는 한 시간의 노동생산물의 가치보다 두 배가 되어야 하는 것은 당연하다.

애덤 스미스, 《국부론 상권》, 김수행 옮김, 비봉출판사, 2007, 53쪽

사용가치와 교환가치의
구분에 얽힌 이야기

아리스토텔레스가 화폐, 가치 개념을 처음으로 정교하게 서술했다는 사실은 잘 알려져 있다. 플라톤의 교환, 거래 개념이 현실 속에서 제대로 작동하기 위해 필요했던 개념들이다. 예컨대 가치 개념은 교환과 거래가 이뤄질 때 서로 주고받는 물품의 교환 비율을 정하기 위해 꼭 필요한 개념일 것이다.

경제학에 등장하는 가치의 두 가지 개념, 즉 **사용가치**와 **교환가치**를 아리스토텔레스가 처음으로 구분해 사용했다는 것을 아는 사람은 그리 많지 않다. 아리스토텔레스가 예로 든 사례는 신발. 신발의 사용가치는 사람이 신고 다니는 도구라는 점이고, 교환가치는 이 신발을 팔아 다른 물품과 거래할 수 있는 물건이라는 점이다.

이 가치 개념은 아리스토텔레스 이후 2천 년 가까이 지나 애덤 스미스의 《국부론》에서 다시 심도 있게 다뤄진다. 스미스 역시 가치를 사용가치와 교환가치로 구분했다. 대신 스미스는 여기에 더해서 사용가치와 교환가치가 반드시 같은 크기가 아닐 수 있고, 오히려 극명하게 다를 수 있음을 사례를 들어 설명했다. 물과 다이아몬드다.

물은 대단히 높은 사용가치를 갖지만 교환가치는 제로에 가깝다. 반대로 다이아몬드는 사용가치가 별게 없지만 다른 재화와의 교환가치는 대단히 크다.

가치론의 두 번째 화두는 가치의 원천과 척도에 관한 것이다. 가치론은 크게 **노동가치론**과 **효용가치론** 등 두 가지를 들 수 있다. 이 가운데 노동가치론의 이론적 체계를 처음 제시한 학자가 바로 애덤 스미스다. 스미스는 노동이 가치의 원천이자 교환가치의 척도라는 입장이다. 스미스는 노동가치론을 설명하면서 사냥을 예로 들었다. 사냥꾼이 해리(비버)를 사냥할 때 드는 노동시간이 사슴을 사냥할 때보다 두 배 정도 들기 때문에 한 마리의 비버가 가진 교환가치는 사슴 두 마리에 해당한다는 설명이다. 해리는 비버 혹은 바다삵이라고도 불리는 동물이다. 우리에게는 낯설지만, 영국 등 유럽에서는 고급 모피 재료로 많이 쓰인 때문인지 《국부론》에 대표 사냥감으로 등장하고 있다.

스미스는 노동가치론을 여기에서 좀 더 진전시킨다. 노동의 **질**이나 **강도**가 동일하지 않으므로 강도가 높거나 특별한 재주가 필요한 노동은 단순노동에 비해 부가가치가 높은 것으로 취급해야 한다는 것이다. 그러면 사회가 좀 더 발전해 인간의 노동 외에 기계나 토지가 생산과정에 투입되는 단계에서는 가치나 가격이 어떻게 결정될까. 스미스는 이를 **생산비**에 의존해 계산하는 방법을 취했다. 노동자, 자본가, 지주 등 서로 다른 세 부류에게 돌아가는 임금, 이윤, 지대의 몫이 이렇게 해서 결정된다고 생각했다.

영국 고전파의 이론 체계를 완성, 애덤 스미스와 함께 그 대표자이다. 1809년 통화 문제에 관한 〈금의 가격〉과 〈떨어진 곡물값이 자본 이윤에 미치는 영향〉, 그리고 1817년 〈경제학 및 과세의 원리〉를 발표함으로써 그의 방법론을 체계화하고 이론 경제학자로서의 지위를 굳혔다.

01.

If we suppose the occupations of the society extended, that some provide canoes and tackle necessary for fishing, others the seed and rude machinery first used in agriculture, ⋯ that the **exchangeable value** of the commodities produced would be in proportion to the **labour bestowed** on their production; not on the immediate production only, but on all those implements or machines required to give effect to the particular labour to which they were applied.

David Ricardo 《On the Principles of Political Economy and Taxation》,
Cambridge University Press, 1821, p. 24

사회의 직업이 늘어나서 어떤 이는 낚시에 필요한 카누와 낚시 도구를 공급하고, 또 어떤 이는 씨앗과 농업에 처음 사용되는 간단한 기계를 공급한다고 생각해보자. ⋯ 생산된 상품의 **교환가치**는 그 생산에 **투하된 노동**, 즉 그 직접적인 생산에 투하된 노동뿐만 아니라, 특정 노동이 작업하는 데 필요한 도구나 기계 모두에 투하된 노동에도 비례할 것이다.

데이비드 리카도, 《정치경제학과 과세의 원리에 대하여》, 권기철 옮김, 책세상, 2010, 38쪽

02.

In a new country, where there is an abundance of fertile land compared with the population, and where therefore it is only necessary to **cultivate No. 1**, the whole net produce will belong to the cultivator, and will be the profits of the stock which he advances. As soon as population had so far increased as to make it necessary to **cultivate No. 2**, from which ninety quarters only can be obtained after supporting the labourers, **rent would commence on No. 1**; for either there must be **two rates of profit on agricultural capital**, or ten quarters ··· must be withdrawn from the produce of No. 1, for some other purpose.

David Ricardo 《On the Principles of Political Economy and Taxation》,
Cambridge University Press, 1821, p. 70–71

인구에 비해 비옥한 토지가 풍부하고 따라서 **1급지만** 경작할 필요가 있는 신생국에서는 순생산물 전부가 경작자의 것이 될 것이며 (순생산물) 전부가 그가 전대한 자재의 이윤이 될 것이다. 인구가 크게 증가해, 노동자 부양에 필요한 것을 제하고 난 뒤 얻는 것이 90쿼터밖에 안 되는 **2급지를** 경작해야 하게 되면, 곧바로 **1급지에서 지대가 발생**한다. 왜냐하면 1급지에서 이윤이 아닌 다른 목적으로 10쿼터의 가치가 회수되지 않으면, **농업 자본에 대해 두 개의 이윤율이 존재하는 것이 되기 때문**이다.

데이비드 리카도, 《정치경제학과 과세의 원리에 대하여》, 권기철 옮김, 책세상, 2010, 77쪽

03.

Under a system of perfectly free commerce, each country naturally devotes its capital and labour to such employments as are most beneficial to each. This pursuit of individual **advantage** is admirably connected with the universal good of the whole. By stimulating industry, by regarding ingenuity, and by using most efficaciously the peculiar powers bestowed by nature, it distributes labour most effectively and most economically:

industry·근면성 ingenuity·독창성

완전한 자유 상업 체제하에서, 각국은 당연히 자본과 노동을 자국에 가장 이로운 사업에 충당한다. 이러한 개별적 **우위**의 추구는 전체의 보편적 선과 잘 연계된다. 각국은 근면을 고취하고, 재능에 대해 보상하며, 자연이 준 특유의 능력을 가장 효과적으로 사용함으로써, 노동을 가장 효과적이고 가장 경제적으로 배분한다.

03.

while by increasing the general mass of productions, it diffuses general benefit, and binds together by **one common tie of interest and intercourse**, the universal society of nations throughout the civilized world. It is this principle which determines that wine shall be made in France and Portugal, that corn shall be grown in America and Poland, and that hardware and other goods shall be manufactured in England.

David Ricardo 《On the Principles of Political Economy and Taxation》,
Cambridge University Press, 1821, p. 133–134

intercourse·교류

한편 각국은 생산 총량을 늘림으로써 일반적 이익을 확산시키고, **이익과 교류라는 하나의 공통된 유대**가 문명 세계 전체에 걸친 보편적 국제 사회를 결속시킨다. 포도주가 프랑스와 포르투갈에서 만들어지고, 곡물은 아메리카와 폴란드에서 재배되며, 철물과 기타 재화들은 잉글랜드에서 제조되도록 결정하는 것은 바로 이 원리이다.

데이비드 리카도,《정치경제학과 과세의 원리에 대하여》,
권기철 옮김, 책세상, 2010, 158~159쪽

리카도의 지대,
비교우위

　고전파 경제학자 가운데 애덤 스미스에 이어 살펴봐야 하는 인물은 데이비드 리카도이다. 그는 부유한 집안에서 태어나 어려서부터 자산 브로커 비즈니스에 일찍 눈을 떴고, 그 결과 자신도 큰 부를 쌓았다고 한다. 경제에 관한 그의 해박한 지식이 이때부터 지식인 사회에 널리 알려지게 되면서 그의 역작인《정치경제학과 과세의 원리에 대하여Principles of Political Economy and Taxation》도 큰 주목을 받게 된다.

　그는 먼저 애덤 스미스의 노동가치론의 틀을 정교하게 다듬었다. 재화의 가치가 노동에서 비롯된다는 출발점은 동일하다. 다만 최종재에 중간재와 부품 등이 투입될 경우 중간재나 부품 등에 투입된 간접 노동도 최종재 생산과정에서의 직접 노동과 마찬가지로 상품 가치의 구성 요소로 포함시켰다.

　사실 리카도가 자신의 책에서 가장 핵심적으로 다룬 주제는 노동자, 자본가, 지주에게 소득이 어떻게 나뉘어 배분되느냐는 것이었다. 이 과정에서 그의 지대론이 나오는데, 후대 다방면의 학자들에게 영향을 미친다. 훗날 제기되는 한계의 법칙marginal principle과 수확

체감diminishing returns 같은 개념들도 이 지대론에 직접적으로 뿌리를 둔 아이디어들이다.

리카도의 **차액지대론** 내용은 이렇다. 인구에 비해 비옥한 토지가 넉넉하다면 고민할 게 없다. 비옥한 토지만 경작해도 되고, 경작 방식도 그냥 씨만 뿌려 놓는 식이면 족하다. 그러나 점차 인구가 늘어 더 많은 곡식이 필요해지면 사정이 달라진다. 처음엔 노동력을 더 투입해 면적당 산출량을 늘려보기도 하지만, 그것도 한계에 부딪힌다. 투입량을 늘릴수록 투입 대비 산출이 갈수록 떨어지는 수확체감의 법칙 때문이다.

결국은 비옥한 토지 외에 그다음으로 괜찮은 토지를 경작하게 될 것이다. 그런데 비옥도에 차이가 있으므로 소출에도 차이가 날 수밖에 없다. 이 대목에서 지대라는 개념이 등장한다. 두 토지의 비옥도 차이는 결국 이익률의 차이로 나타날 텐데, 이러면 비옥한 토지에 농사를 짓는 소작농이 훨씬 유리하게 된다. 비옥한 토지에서 농사를 지은 쪽이 그 차액만큼 지대(차액지대)를 지주에게 내야만 공평해진다.

리카도 이론 가운데 지대론보다 더 유명한 이론이 하나 있다. 무역 이론에 나오는 **비교우위** 개념이다. 현대 경제학 교과서에도 내용이 거의 그대로 실려 있을 정도로 리카도의 비교우위 이론은 기본 개념이 탄탄하다.

리카도 책에 나오는 아래 사례는 현대 경제학 교과서의 내용과 별반 다르지 않다. 먼저 몇 가지 간단한 가정을 해보자. 1) 영국과 포르투갈이 옷과 포도주를 모두 생산할 수 있는 능력이 있다. 2) 포르투갈의 경우 와인을 생산하기 위해서는 연간 80명의 노동력, 옷을 생산하기 위해서는 연간 90명의 노동력이 필요하다. 3) 영국에서는 동일한 양의 와인을 생산하기 위해 연간 120명의 노동력이 필요하고 옷을 생산하기 위해서는 연간 100명의 노동력이 필요하다.

	옷	와인
영국	100	120
포르투갈	90	80

이것만 보면 포르투갈이 영국보다 옷과 와인을 모두 더 값싸게 효율적으로 생산할 수 있다. 실제 모든 노동력과 자본이 영국과 포르투갈 사이에 자유롭게 이동할 수 있다면 포르투갈에서 옷과 와인을 모두 생산하는 것이 영국의 자본가와 양국의 소비자에게 모두 이로운 결과가 된다. 그러나 이처럼 생산요소가 국경을 자유롭게 넘나들 수 없는 게 현실이다.

생산요소의 이동이 제한적일 수밖에 없다면 영국이 옷을 수출하고 포르투갈이 와인을 수출하는 게 양국에 모두 이롭다는 결론이 도출된다. 여기서 비교우위론이 나온다. 노동력 투입량을 기준으로 양국 간 생산비용을 비교하면 영국의 포르투갈에 대한 상대적 비용은 옷이 100/90, 와인이 120/80이다. 옷의 상대적 비용이 와인보다 낮다. 이를 두고 **영국은 옷 생산에 비교우위**가 있다고 말한다. 반대로 포르투갈의 경우는 와인과 옷 생산을 위한 상대적 비용이 각기 80/120과 90/100이 되므로 와인의 상대적 비용이 더 낮다. 이를 두고 **포르투갈은 와인 생산에 비교우위**가 있다고 말한다.

전문화라는 개념으로 설명해도 같은 결론에 도달한다. 양국이 비교우위가 있는 재화의 생산에 전문화한 뒤 서로 무역을 하면 양국 모두에게 이로운 결과가 나온다. 90+80의 포르투갈 노동자가 모두 와인만 생산하고 100+120의 영국 노동자가 모두 옷만 생산한다면 와인과 옷의 전체 생산량은 늘어난다. **무역을 통해** 이를 **교환하고 소비하면 양쪽 모두 이득**gains from trade을 보게 된다.

한계혁명과 경제학

앙투안 오귀스탱 쿠르노 1801년 8월 28일~1877년 3월 31일

프랑스의 철학자이자 수리 경제학의 선구자로 근대적 독점 이론의 기초를 확립하였다. 저서에 《부의 이론의 수리적 원리에 관하여》, 《경제학설개관》 등이 있다.

01.

For convenience in discussion, suppose that a man finds himself proprietor of a mineral spring which has just been found to possess salutary properties possessed by no other. He could doubtless fix the price of a liter of this water at 100 francs; but he would soon see by the scant demand, that this is not the way to make the most of his property. He will therefore successively reduce the price of the liter to the point which will give him **the greatest possible profit**; i.e.

salutary·유익한   scant·부족한

논의의 편의를 위해, 다른 광천수보다 유익한 성분을 함유한 새 광천수를 발견한 사업가 한 명을 상정해보자. 그는 분명히 이 광천수의 가격을 1리터에 100프랑으로 높게 책정할 수 있을 것이다. 그러나 그는 수요가 많지 않은 것을 보고, 이 가격으론 재산을 많이 모을 수 없다는 것을 곧 깨닫게 된다. 따라서 그는 자기에게 **가장 높은 이윤을 가져다줄 지점**까지 광천수의 가격을 계속해서 내려볼 것이다.

01.

if F(p) denotes the law of demand, he will end, after various trials, by adopting the value of p which renders the product pF(p) a maximum, or which is determined by the equation

(1) $F(p) + pF'(p) = 0$.

Augustin Cournot, 《Researches into the Mathematical Principles of the Theory of Wealth》, Richard D. Irwin, Inc, 1963, p. 46

만약 F(p)가 이 광천수에 대한 수요 함수라면 이 사람은 수많은 시도 끝에 가격과 수요의 곱인 pF(p) 값을 최대로 하는 p 값을 찾을 수 있을 것이다. 이때의 p 값은 다음과 같은 방정식에 의해 결정된다.

(1) $F(p) + pF'(p) = 0$.

영국 한계 효용학파의 창시자의 한 사람이다. 영국 공리주의에 의거한 평균적 시민의 쾌락·고통의 계산에서 효용 이론을 전개하고, 재화의 교환 가치는 그 최종 효용도에 의하여 결정된다는 한계 효용 균등의 법칙을 수학적으로 증명하였다.

01.

It is clear that economics, if it is to be a science at all, must be a **mathematical science**. There exists much prejudice against attempts to introduce the methods and language of mathematics into any branch of the moral sciences. Many persons seem to think that the physical sciences form the proper sphere of mathematical method, and that the moral sciences demand some other method – I do not know what. My theory of economics, however, is purely mathematical in character.

prejudice·편견

경제학이 과학이라면 반드시 **수리적 과학**이어야 한다. 도덕과학의 한 분야인 경제학에 수학의 방법과 언어를 도입하려는 시도에 대해 심한 편견이 존재한다. 물리과학은 수리적 방법이 적절한 영역이지만 도덕과학은 다른 방법을 요구한다는 것이 많은 사람들의 생각이다. 그렇지만 나는 그들이 생각하는 다른 방법이 무엇인지 모른다. 나의 경제학 이론은 순수하게 수리적이다.

01.

Nay, believing that the quantities with which we deal must be subject to continuous variation, I do not hesitate to use the appropriate branch of mathematical science, involving though it does the fearless consideration of infinitely small quantities. The theory consists in applying **the differential calculus to the familiar notions of wealth, utility, value, demand, supply, capital, interest, labour** and all other quantitative notions belonging to the daily operations of industry. As the complete theory of almost every other science involves the use of that calculus, so we cannot have a true theory of economics without its aid.

W. Stanley Jevons, 《The Theory of Political Economy》, Penguin Books, 1970, p. 78

나는 오히려 우리가 다루는 수량이 연속적 변동에 속한다고 믿으며, 이런 경우에 적절한 분야의 수리적 과학을 주저 없이 사용한다. 무한히 작은 수량도 두려움 없이 고려하겠다는 것이다. 그래서 내 이론의 핵심은 **미분학**을 적용하는 데 있다. 적용 대상은 **부, 효용, 가치, 수요, 공급, 자본, 이자, 노동** 등 우리에게 익숙한 개념을 포함해서 산업의 일상적 작동에 속하는 모든 수량개념이다. 대부분의 과학이 완전한 이론을 위해 미분학을 필요로 하듯이, 경제학도 미분학의 도움 없이는 진정한 이론을 가질 수 없다.

윌리엄 제번스, 《정치경제학 이론》, 김진방 옮김, 나남출판사, 2011, 65쪽

02.

The keystone of the whole theory of exchange, and of the principal theory of economics, lies in this proposition – **The ratio of exchange of any two commodities will be the reciprocal of the ratio of the final degree of utility of the quantities of commodity** available for consumption after the exchange is completed.

W. Stanley Jevons, 《The Theory of Political Economy》, Penguin Books, 1970, p. 139

reciprocal·상호간의

경제학의 주요 문제와 교환이론 전부의 핵심이 바로 이 명제에 있다. **두 상품의 교환 비율은 교환이 완료된 뒤 소비에 이용할 수 있는 수량의 상품이 갖는 최종효용도의 비율의 역수**에 맞춰진다.

윌리엄 제번스, 《정치경제학 이론》, 김진방 옮김, 나남출판사, 2011, 149쪽

정치경제학에서 경제학으로 이름이 바뀌다

고전파의 전통을 이은 신고전파 경제학의 출현은 1870년대로 내려온다. **신고전파**Neoclassical Economics라는 이름은 1900년에 **소스타인 베블런**Thorstein Veblen이라는 제도학파 경제학자가 붙인 것으로 돼 있다. 고전파와 비교해 신고전파의 특징은 세 가지다. 첫째, 한계marginal라는 개념을 많이 쓴다. 예컨대 한계 효용, 한계 비용, 한계 수익처럼. 아주 작은 단위의 분량을 늘렸을 때 나타나게 되는 결과가 마지널, 즉 한계 효용이고 한계 비용이다. 신고전파는 개인의 미시적 선호체계를 종합하게 되면 사회 전체가 보인다고 봤다. 개인 소비자의 선택이나 생산자의 미시적 의사결정이 중요하다고 보고, 그 한계적인, 즉 마지널한 변화에 따른 결과 변화에 주목한 것이다. 그래서 한계혁명이다.

효용utility 개념을 도입한 것도 신고전파이고, **정치경제학**political economy 대신 **경제학**economics이라는 명칭을 사용하기 시작한 것도 이때부터다. 효용이라는 개념을 가장 먼저 사용한 사람은 소위 세의 법칙Say's Law으로 유명한 고전파 학자 장바티스트 세Jean-Baptiste Say이다. 신고전파 이전까지는 경제학이라는 용어가 따로 없었고, 고대부터 사용해오던 정치경제학이라는 이름을 그대로 써왔다. 그러다가 정치political를 떼고 순수 경제의 의미만을 담은 경제학 명칭을 처음 사용하기 시작한 게 **윌리엄 스탠리 제번스**이다.

그러면 그는 왜 이름을 이렇게 고쳤을까? 이 기회에 경제학 용어에 얽힌 오해와 진실을 좀 살펴보자.

원래 경제economy는 그 어원이 '집안 살림하는 사람oiko nomos'이라는 그리스어에서 유래했다고 한다. 여기에 정치political를 붙여 정치경제학이라는 용어를 쓰기 시작한 것은 대단히 오래전부터다. 플라톤의 《국가론》에서 보듯이 폴리티컬의 의미는 요즘 같은 '정치적'이기보다는 '국가적', '국민적'이라는 의미였을 것이다. 이렇게 이해하면 정치경제학은 국민경제, 국가경제 정도가 된다.

그러나 산업혁명이 진행되고 자본주의 시장경제가 발달하기 시작하면서 정치경제학이라는 이름을 두고 논란이 생겼다. 폴리티컬은 이제 국민적이라는 의미보다 정치적이라는 의미가 강해진 시대가 된 데다 경제학은 마침내 자연과학과 수학을 중시하는 신고전파로 흐름이 넘어가고 있었다. 중상주의 시대나 절대왕정 시대와는 달리 경제학은 이제 과학의 영역으로 넘어갈 수밖에 없는 시대였다.

물론 마르크스 경제학에서는 여전히 정치경제학이라는 용어를 사용한다. 경제를 하부구조, 정치를 상부구조로 인식하는 그들의 철학과 연관이 있다. 하지만 주류 경제학에서는 정치경제학 용어를 사용하지 않는다.

그러면 경제와 정치는 어떨까. 이재명 20대 대통령 후보가 2021년 12월 서울대 경제학부 초청 강의에서 "제가 본 경제는 정치이자

의견이고 가치다"라고 말한 것을 두고 시끄러웠다. 이 말은 과연 틀린 말일까, 옳은 말일까? 개인적인 생각이지만, 여기서 말하는 경제가 만약 경제학까지 포괄하는 것이었다면 틀린 말이라고 보는 게 합당하다. 경제학은 정치, 가치판단을 배제한 심층 학문으로 자리 잡은 지 오래다. 반면 경제 그 자체를 놓고 했던 얘기라면 꼭 틀린 얘기는 아닐 수 있겠다. 경제정책에 관한 의사결정이 입법 등 정치과정을 거쳐 이뤄지기 때문이다. 이런 탓에 **경제학과 경제는 가급적 구분해서 사용하는 풍토가 우리 사회에도 정착될 필요**가 있다고 생각한다.

신고전파 학자로는 제번스 외에 칼 멩거, 레옹 발라, 앨프리드 마셜 등이 대표적이다. 과학발전이 눈부셨던 당시의 시대 상황을 반영하듯 모두 **미분과 같은 수학적 기법을 많이 활용**해 이윤 극대화, 효용 극대화 같은 주제를 다뤘다.

먼저 쿠르노는 수익 극대화에 미분기법이 어떻게 응용되는지를 아주 쉽게 설명하고 있다. 광천수 사업가의 사례를 들어 총수입 $pF(p)$를 극대화하는 가격, p를 찾는 방법을 제시했다. 이 함수를 가격 p로 미분하면 간단히 풀린다. 요즘 현대 경제학과 비교해 너무 단순한 수학 기법이지만, 수학을 처음으로 본격 활용한 신고전파의 특성을 잘 보여준다.

경제학이라는 용어를 처음 사용하기 시작한 윌리엄 제번스는 급기야 이런 말을 한다. 경제학은 곧 수학이 돼야 한다고. 경제학이 규범적 학문이기 이전에 실증적 과학이어야 한다는 주장이다. 그러자 **물리학 같은 자연과학과 달리 규범적 명제도 다루어야 했던 경제학을 수학으로만 접근하는 것이 과연 옳으냐는 논란**이 당시에도 벌어졌다. 그러나 제번스의 신념은 확고했다. 부, 효용, 가치, 수요와 공급, 자본, 이자 등 경제학에서 다루는 갖가지 변량이야말로 수학적 기법에 안성맞춤이고, 수학의 도움 없이 경제학 이론을 정립하는 것은 불가능하다는 것이다.

제번스의 효용론에서 주목할 부분은 총 효용total utility 개념보다 최종 단위의 효용final degree of utility 개념이었다. 이것이 요즘 경제학에서 소비를 한 단위 늘릴 때 증가하는 효용의 증가분, 즉 한계 효용marginal utility의 원래 명칭이다.

그러니까 두 상품의 교환비율이 그 상품이 갖는 최종효용도(한계효용)의 역수가 된다는 뜻은 이렇다. 햄버거 1개와 핫도그 2개가 시장에서 형성된 교환비율이라고 가정하자. 그러면 2개의 핫도그 중 마지막으로 먹는 두 번째 핫도그의 효용은 햄버거와 비교해 $\frac{1}{2}$(2의 역수)이 된다는 것이다.

영국 런던 버몬지에서 태어났으며 그의 생애에서 가장 영향력 있는 경제
학자들 가운데 하나가 되었다. 그의 책, 《경제학 원리》는 수요와 공급, 한
계효용, 생산 비용 가치론의 개념을 완성했다.

01.

When therefore the amount produced (in a unit of time) is such that
the **demand price i.e.** the highest price the consumers are willing
to pay is greater than the **supply price** the lowest price the sellers
are willing to accept, then sellers receive more than is sufficient to
make it worth their while to bring goods to market to that amount;
and there is at work an active force tending to increase the amount
brought forward for sale. On the other hand, when the amount
produced is such that the demand price is less than the supply price,
sellers receive less than is sufficient to make it worth their while to
bring goods to market on that scale;

따라서 (단위 기간에) 생산된 재화의 양이 너무 적어서 **수요가격**이 **공급가격**
보다 높을 때, 판매자들은 그만큼의 재화를 시장에 공급할 가치가 있을 만큼
충분한 수준 이상의 가격을 받게 된다. 그리고 판매를 위해 시장에 공급되는
재화의 양을 증가시키는 강력한 힘이 작동한다. 다른 한편으로 생산된 재화의
양이 너무 많아서 수요가격이 공급가격보다 낮을 때, 판매자들은 그만큼의
재화를 시장에 판매할 가치가 있을 만큼 충분한 수준 이하의 가격을 받게 된다.

01.

so that those who were just on the margin of doubt as to whether to go on producing are decided not to do so, and there is an active force at work tending to diminish the amount brought forward for sale. When the demand price is equal to the supply price, the amount produced has no tendency either to be increased or to be diminished; it is in equilibrium. When demand and supply are in **equilibrium**, the amount of the commodity which is being produced in a unit of time may be called the **equilibrium-amount**, and the price at which it is being sold may be called the **equilibrium-price**.

Alfred Marshall, 《Principles of Economics》, Macmillan, 1961, p. 345

equilibrium·균형

따라서 생산을 계속할 것인지 망설이던 사람들은 생산을 하지 않기로 결정하며, 판매를 위해 시장에 공급되는 재화의 양을 감소시키는 강력한 힘이 작동한다. 수요가격이 공급가격과 일치할 때, 생산량은 증가 경향도 감소 경향도 없다. 그것은 **균형상태**에 있는 것이다.

수요와 공급이 균형을 이룰 때 단위 기간에 생산되는 재화의 양은 **균형량**이라고 부를 수 있으며, 균형량이 판매되는 가격은 **균형가격**이라 부를 수 있다.

앨프레드 마셜,《경제학원리2》, 백영현 옮김, 한길사, 2010, 38~39쪽

02.

But here we may read a lesson from the young trees of the forest as they **struggle upwards** through the benumbing shade of their older rivals. Many succumb on the way, and **a few only survive**; those few become stronger with every year, they get a larger share of light and air with every increase of their height, and at last in their turn they tower above their neighbours, and seem as though they would grow on for ever, and for ever become stronger as they grow. But they do not.

benumbing·무감각한   succumb·굴복하다

우리는 숲속의 어린 나무들이 성숙한 경쟁상대들의 유해한 그늘을 **뚫고 자라나는** 것에서 교훈을 얻을 수 있다. 많은 어린 나무들이 도중에 쓰러지고, **소수만이 살아남는다**. 그러한 소수의 나무들은 해마다 더욱 강해지고, 키가 자라면서 좀 더 많은 햇빛과 공기를 획득하게 된다. 그리고 마침내 주변의 나무들보다 더 높게 자라며, 영원히 자랄 것처럼 그리고 성장함에 따라 영원히 더욱더 강해질 것처럼 보여진다. 그러나 그렇지 않다.

02.

One tree will last longer in full vigour and attain a greater size than another; but sooner or later age tells on them all. Though the taller ones have a better access to light and air than their rivals, they gradually lose vitality; and one after another they give place to others, which, though of less material strength, have on their side the **vigour of youth**.

Alfred Marshall, 《Principles of Economics》, Macmillan, 1890, p. 316

vigour-활기

어떤 나무는 다른 나무보다 더 오랫동안 활력을 유지하고 더 크게 자랄 것이다. 그러나 조만간 그들도 나이에는 어쩔 수 없게 된다. 비록 키가 큰 나무들이 경쟁상대들보다 햇빛과 공기에 더 잘 접근할 수 있지만, 점차적으로 생명력을 상실한다. 그리고 하나씩 차례로 그것들은 비록 물리적 역량은 약하지만 **젊음의 활력을** 가지고 있는 다른 나무들에게 자리를 내주게 된다.

앨프레드 마셜, 《경제학원리1》, 백영현 옮김, 한길사, 2010, 404~405쪽

마셜의
가위와 균형

우리에게 가장 널리 알려진 신고전파 경제학자는 역시 앨프리드 마셜이다. 영국 케임브리지대에 부임할 때 학생들에게 취임사로 했다는 **"차가운 머리와 뜨거운 가슴**cool head and warm heart**"**은 지금도 경제학도들에겐 둘도 없는 명구로 통한다. 실증적인 동시에 규범적인 경제학의 양면성을 가장 잘 표현하는 동시에 경제학을 어떻게 대해야 할 것이냐는 바른 태도를 일깨워주기 때문이다.

신고전파의 한계, 효용 같은 개념에 이어 마셜은 현대 경제학에 균형equilibrium이라는 또 다른 핵심 개념을 도입하고 정립한다. 그는 시장에서 수요와 공급이 서로 일치할 때 이를 균형이라고 불렀고, 이때의 수량과 가격을 균형 수량, 균형 가격이라고 지칭했다.

마셜은 요즘 경제학 교과서에 흔히 등장하는 수요, 공급 그래프의 창시자이기도 하다. 수평축을 수량, 수직축을 가격으로 표시했을 때 수요 곡선은 우하향한다. 가격이 올라가면 수요량이 줄고 반대로 가격이 내려가면 수요량이 늘기 때문이다. 반대로 공급 곡선은 우상향하게 된다. 그래서 수요곡선과 공급곡선을 하나의 그래프에 그리면 두 개의 곡선이 마치 X자처럼 교차하게 되는데, 이를 경제학에서는 흔히 마셜의 가위Marshall's scissors라고 부른다.

마셜이 경제학에 남긴 유산은 또 있다. 수요-공급 곡선에서 유래하는 개념인데, 소비자 잉여consumer surplus와 생산자 잉여producer surplus가 그것이다. 마셜은 당시 잉여에 해당하는 용어로 지대rent라는 단어를 사용해 소비자 잉여를 소비자 지대consumer's rent라고 불렀다. 잉여라는 새로운 개념이 생기기 전에 지대라는 용어가 당시 흔히 사용됐던 때문일 것이다.

신고전파 학자들이 대부분 그랬지만, 마셜도 생물학 등 당시 크게 발전했던 자연과학의 영향을 많이 받았다. 우리 사회의 치열한 경쟁과 투쟁을 자연 속 숲의 생태계가 보여주는 생명 사이클에 견주어 은유한 구절은 대단히 유명하다. 이 대목이 심오한 것은 숲 속 나무 개체의 성장과 숲 전체의 융성을 가져오는 토대가 경쟁이라는 점을 분명히 하고 있기 때문이다. 그러나 이 **경쟁을 이겨낸 승자 또한 결코 영원할 수 없다는 게 자연의 섭리이자 경쟁의 원리**라는 점을 마셜은 일깨우고 있다. 세월은 누구도 막을 수 없다고 하지 않았던가. **이 같은 신진대사와 끝없는 경쟁은 결국 새로운 강자를 만들어내며 자연과 사회를 더 강하게 만든다는 생각이 마셜의 철학**일 것이다.

마셜은 그가 세상을 떠난 뒤 신고전파의 이론을 종합한 거두로 자리매김되며 더욱 유명해진다. 그런데 이 과정의 상당 부분은 마셜에 이어 케임브리지대 학장을 맡았던 아서 피구Arthur C. Pigou에 의해 이뤄졌다. 그는 마셜의 이론을 총정리함과 동시에 자기 자신은 사적 한계 비용과 사회적 한계 비용이라는 개념을 고안해 오늘날 경제학에서 가장 어려운 개념에 속하는 외부효과external effect의 문제를 처음 제기하기도 했다.

빌프레도 페데리코 다마조 파레토 1848년 7월 15일~1923년 8월 19일

이탈리아 출신의 정치학자, 사회학자, 경제학자이자 철학자이다. 경제학에 있어 그의 중요한 기여 중에는 부의 분배에 대한 그의 이론과 개인 차원에서 이뤄지는 선택에 관한 분석이 있다. 또한 사회학에 있어 '엘리트'란 개념을 널리 쓰이게 한 당사자이기도 하다.

01.

We will say that the members of a collectivity enjoy **maximum ophelimity** in a certain position when it is impossible to find a way of moving from that position very slightly in such a manner that the ophelimity enjoyed by each of the individuals of that collectivity increases or decreases.

Vilfredo Pareto, 《Manual of Political Economy》, Macmillan. 1971, p. 261

전체 구성원에 대한 경제적 만족을 충족시키는 힘이 더 늘어날 수 있는 지점으로 아주 조금이라도 움직일 방법을 찾을 수 없을 때 우리는 그 지점에서 전체 구성원이 **경제적 만족을 충족시킬 힘의 최고조 상태**에 있다고 말한다

경제적 만족을 충족시키는 힘,
오펠리미티

경제원론의 가장 뒷부분에서 다뤄지는 개념들이 발라의 법칙 Walras' Law, 파레토 최적Pareto Optimum 같은 것들이다. 신고전파가 애지중지한 개념들, 경쟁, 마지널, 균형 등을 좇다 보면 우리 경제 공동체의 최적 자원배분 상태를 상상하게 된다. 발라의 법칙은 부분 균형의 총합이 전체 균형이라는 말로 요약될 수 있다. 세상에 존재하는 모든 시장이 제각기 균형점에 도달해 갈 때, 어느 하나의 시장을 빼고 나머지 시장이 모두 균형 상태에 도달한다면 마지막 남은 그 하나의 시장도 자동으로 균형에 도달한다는 게 발라의 법칙이다.

그런데 이탈리아 경제학자 빌프레도 파레토가 개념화한 파레토 최적도 이 발라의 법칙과 궤를 같이한다. 사회 전체적으로 어느 개별 구성원의 후생이나 만족도를 더 늘려주거나 줄이지 않으면서 지금보다 더 나은 자원 배분 조합을 만들어낼 다른 방법이 전혀 없다면 우리는 현재의 이 상태를 **파레토 최적**이라고 부른다. 이 상태에 일단 도달하고 나면, 이제 모든 게 제로섬게임이 된다. 누군가가 손해보는 쪽이 생기지 않으면 누군가를 이롭게 할 방법이 없다는 뜻이

166

다. 완전 경쟁시장에서는 최종 균형점이 자동으로 파레토 최적이 된다(후생경제학의 제1법칙). 그만큼 완전 경쟁이라는 것이 최선의 시장 선택을 도출하는 하나의 조건인 셈이다. 반면 다른 구성원의 후생 감소 없이 누군가의 후생을 높일 수 있는 방법이 있다면 우리는 이 것을 **파레토 효율**Pareto Efficient이라고 말한다. 파레토 효율이 계속 진행되면 마지막에 파레토 최적에 도달하게 될 것이다.

그런데 파레토 최적은 훗날 파레토의 이론이 잘 정립되고 전파된 뒤 만들어진 용어이고, 파레토의 원저에 등장하는 용어는 이와 다르다. 그는 자신의 이론을 펼치는 과정에서 요즘 잘 사용하지 않는, **경제적 만족을 충족시키는 힘**power to give satisfaction이라는 의미로 **오펠리미티**ophelimity라는 단어를 사용하고 있다. 이 단어를 활용해 그는 자신이 보여주고자 했던 파레토 최적이라는 개념을 경제적 만족을 충족시키는 힘의 최고조 상태maximum ophelimity라고 묘하게 표현했다. 당시 충만했던 자연과학의 향기가 여기에서도 느껴진다.

1. 야성적 충동

» 존 메이너드 케인스
해설 보이지 않는 손 vs 야성적 충동

» 조지 아서 애컬로프, 로버트 제임스 실러

» 조지프 유진 스티글리츠
해설 "애덤 스미스는 야성적 충동을 간과했다"

2. 공황론과 유효수요

» 토머스 로버트 맬서스
해설 《인구론》 번역서엔 기하급수, 산술급수 얘기가 없다

» 카를 마르크스

» 존 메이너드 케인스
해설 자신의 경제학에 굳이 일반이론이라는 이름을 붙인 이유

야성적 충동

1

야성적 충동

존 메이너드 케인스 _{1883년 6월 5일~1946년 4월 21일}

거시경제학과 경제 정책 분야에서 기존의 이론과 관습들을 변화시킨 영국 경제학의 대표자이다. 이튼을 거쳐 케임브리지의 킹스칼리지에서 수학하고, 수학과 우등시험에서 12등으로 합격했다. 졸업 후 한때 인도성에 근무하다가 대학에 돌아와 금융론을 강의했고, 그 후 약 20년간 앨프리드 마셜의 충실한 후계자로서 아서 세실 피구와 더불어 케임브리지학파의 쌍벽을 이루었다.

01.

Even apart from the instability due to speculation, there is the instability due to the characteristic of human nature that a large proportion of our positive activities depend on **spontaneous optimism rather than mathematical expectations**, whether moral or hedonistic or economic.

> speculation·투기   hedonistic·쾌락주의

투기로 말미암은 불안정성을 떠나서도, 우리의 적극적인 활동의 대부분은, 그것이 도덕적인 것이건 쾌락주의적인 것이건 또는 경제적인 것이건 간에, **수학적 기대치에 의존하는 것보다는 오히려 자생적인 낙관에 의존한다**는 인간성의 특징으로 말미암은 불안정성이 또 있는 것이다.

01.

Most, probably, of our decisions to do something positive, the full consequences of which will be drawn out over many days to come, can only be taken as the result of **animal spirits**—a spontaneous urge to action rather than inaction, and not as the outcome of a weighted average of quantitative benefits multiplied by quantitative probabilities.

John Maynard Keynes, 《The General Theory of Employment Interest and Money》, Palgrave Macmillan, p. 141

장래의 긴 세월에 걸쳐 그 완전한 결과가 나오는 어떤 적극적인 일을 행하고자 하는 우리의 결의의 대부분은, 추측건대, 오직 **야성적 충동*** – 불활동보다는 오히려 활동을 하려는 자생적인 충동 – 의 결과로 이루어질 수 있을 뿐이며, 수량적인 이익에 수량적인 확률을 곱하여 얻은 가중평균의 소산으로 이루어지는 것은 아니다.

*번역문 원문엔 충동 대신 혈기라는 단어를 사용

J.M.케인즈, 《고용, 이자 및 화폐의 일반이론》, 조순 옮김, 비봉출판사, 189쪽

02.

Successful investing is anticipating the anticipations of others.

Gregory Bergman, 《Isms》, Adams Media, 2006, p. 105

다른 사람들의 예측을 예측할 수 있어야 성공적 투자가 가능하다.

03.

The difficulty lies not so much in developing new ideas as in escaping from old ones.

John Maynard Keynes, 《The General Theory of Employment, Interest and Money》, Harcourt, Brace & World, 2016

새로운 아이디어를 개발하는 것도 어렵지만, 낡은 생각에서 벗어나는 게 더 어렵다.

04.

Markets can remain irrational longer than you can remain solvent.

Lawrence G. McMillan, 《McMillan on Options》, Wiley, 2004, p. 374

시장은 당신이 파산할 때까지 계속 비합리적일 수 있다.

05.

The political problem of mankind is to combine three things: economic efficiency, social justice and individual liberty.

John Maynard Keynes, 《Essays in Persuasion》, Reading Essentials, 2019, p. 344

인류의 정치적 문제는 경제적 효율성, 사회적 정의, 개인의 자유 등 세 가지를 하나로 묶으려는 데서 비롯된다.

06.

The markets are moved by animal spirits, and not by reason.

Gabriel Wisdom, 《Wisdom on Value Investing: How to Profit on Fallen Angels》, Wiley, 2009, p. 108

시장은 이성에 입각해 움직이는 게 아니라 야성적 충동에 의해 움직인다.

07.

Americans are apt to be unduly interested in discovering what average opinion believes average opinion to be.

John Maynard Keynes, 《The General Theory of Employment, Interest and Money》, Palgrave Macmillan, 2018, p. 139

미국인들은 평균적인 의견이 어떤 것을 평균적인 의견이라고 믿고 있는지를 알아내기 위하여 과도한 관심을 보이는 경향이 있다.

J.M.케인즈, 《고용, 이자 및 화폐의 일반이론》, 조순 옮김, 비봉출판사, 186쪽

08.

Once doubt begins it spreads rapidly.

John Maynard Keynes, 《The General Theory of Employment, Interest and Money》, Palgrave Macmillan, 2018, p. 283

일단 의혹이 일어나면 그것은 급속하게 퍼진다.

J.M.케인즈, 《고용, 이자 및 화폐의 일반이론》, 조순 옮김, 비봉출판사, 380쪽

보이지 않는 손 vs 야성적 충동

존 메이너드 케인스는 고전파나 신고전파 경제학과 쌍벽을 이루는 케인스주의 경제학의 창시자로 20세기 최고 경제학자의 한 명임이라는 데 이의를 제기할 사람은 아무도 없을 것이다. 영국 케임브리지대에서 앨프리드 마셜과 피구의 지도를 받은 케인스는 그때까지의 거시 경제학과 정부 정책에 관한 사고방식을 완전히 바꾸는 일대 혁명을 일으킨다.

그러면 고전파와 케인스주의를 가르는 분수령은 무엇일까? 바로 **보이지 않는 손과 야성적 충동 사이의 충돌**이 아닐까 싶다. 고전파나 신고전파가 '보이지 않는 손'으로 대변되는 인간의 합리성과 시장의 효율성을 강하게 믿는 반면 케인스는 우리 경제가 내포한 불안정하고 일관성 없는 요소들과 그런 모호성이나 불확실성에 대한 사람들의 독특한 대응에 처음으로 주목했다. 1930년대 대공황을 이해하기 위해선 사람들의 바로 이런 비관과 낙담, 낙관을 인간 의지의 속성으로 인정해야 한다는 것이다. 그러면서 제시한 용어가 '야성적 충동'이다.

야성적 충동이라는 용어 자체가 가장 먼저 사용된 사례는 케인스보다 훨씬 앞서 **데카르트나 뉴턴 같은 철학자와 과학자**에서 찾아볼 수 있다. 우리 몸에 내재된 정신적 영성의 기운을 설명하기 위한 수단이었다. 케인스는 여기에 착안해 현대 경제의 급격한 경기변동이나 주식 투자자들의 투자 패턴이 이런 인간의 내재적 충동 심리와 연관돼 있다고 봤다. 고전파 경제학 모델로는 더 이상 1930년대 대공황 당시 경제 상황을 설명하기 어려웠기 때문이었다.

케인스 경제학은 야성적 충동과 시장의 불안정성을 전제하므로 시장에 대한 정부 개입이 정당화되는 것은 당연하다. 그러나 케인스주의가 1970년대 스태그플레이션 상황에서 새로운 돌파구를 찾지 못하자 밀턴 프리드먼 같은 자유주의 화폐론자에 의해 격렬한 비판에 거꾸로 직면했다. 그러다가 2000년대 후반 글로벌 위기가 터진 뒤 다시금 정부의 역할이 커지는 과정에서 재차 힘을 얻고 있다.

케인스의 명구는 대단히 많다. 그가 경제학자만이 아니라 세계대전 뒤 전후 처리 협상, 기금관리 책임자 등 다양한 경력의 소유자였던 점과 무관하지 않다. 그는 사람들의 충동적 의지에 영향을 미치는 **정보의 중요성**을 크게 강조한다. 특히 그 정보의 가치, 즉 업데이트된 새 정보인지 혹은 낡은 정보인지를 대단히 중요하게 다룬다. 성공적인 투자는 **남들의 예측을 예측**할 때 가능하다, **시장은 당신이 파산할 때까지 계속 비합리적일 수 있다.** 소문은 한순간에 퍼진다 등의 말은 정보의 중요성, 특히 어떤 정보가 가치가 있는 것인지를 일깨워준다.

조지 아서 애컬로프 1940년 6월 17일~   로버트 제임스 실러 1946년 3월 29일~

미국의 경제학자로 2001년 노벨경제학상을 수상하였다. 캘리포니아대 버클리 교수이며 배우자 재닛 옐런은 미국연방준비위원회 의장을 역임했고, 현재 바이든 행정부에서는 재무장관을 맡고 있다.

미국의 경제학자로, 예일대의 교수이다. 2013년 노벨 경제학상을 수상했다. 실러는 1982년부터 예일대에서 가르쳤고 이전에는 와튼 스쿨과 미네소타 대학교에서 교수직을 역임했으며, 런던 정치경제대학교에서 자주 강의하기도 했다.

01.

To understand the economy then is to comprehend how it is driven by the animal spirits. Just as **Adam Smith's invisible hand** is the keynote of classical economics, **Keynes' animal spirits** are the keynote to a different view of the economy — a view that explains the underlying instabilities of capitalism.

George Akerlof and Robert Shiller, 《Animal Spirits: How Human Psychology Drives the Economy, and Why It Matters for Global Capitalism》, Princeton University Press, 2009, p. xxiii

따라서 경제가 작동하는 원리를 알려면 야성적 충동이 경제활동에 어떤 영향을 미치는지 이해해야 한다. **애덤 스미스의 보이지 않는 손**이 고전파 경제학의 핵심 용어인 것처럼, **케인스의 야성적 충동**은 자본주의에 내재된 불안정성을 설명하는, 고전파 경제학과는 다른 시각의 핵심 용어다.

조지 애컬로프·로버트 실러, 《야성적 충동》, 김태훈 옮김, 랜덤하우스, 2009, 19쪽

02.

The thought experiment of Adam Smith correctly takes into account the fact that people rationally pursue their economic interests. Of course they do. But this thought experiment fails to take into account the extent to which people are also guided by noneconomic motivations. And it fails to take into account the extent to which they are irrational or misguided. **It ignores the animal spirits**.

George Akerlof and Robert Shiller, 《Animal Spirits: How Human Psychology Drives the Economy, and Why It Matters for Global Capitalism》, Princeton University Press, 2009, p. 3

irrational·비합리적인

애덤 스미스의 추론은 사람들이 합리적으로 경제적 이익을 추구한다는 사실을 정확하게 고려했다. 그러나 비경제적 동기가 행동에 미치는 영향과 비합리성 및 오류의 가능성은 고려하지 않았다. 간단히 말해 그는 **야성적 충동을 간과했다**.

조지 애컬로프·로버트 실러, 《야성적 충동》, 김태훈 옮김, 랜덤하우스, 2009, 27쪽

조지프 유진 스티글리츠 1943년 2월 9일~

미국의 경제학자이다. 새 케인스학파New Keynesian Economics에 속한다. 컬럼비아 대학교의 교수, 노벨 경제학상 수상자, 세계은행 부총재 역임자로 북유럽식 성장 모델을 선호하는 입장을 취했다.

01.

What Galbraith understood, and what later researchers (including this author) have proved, is that Adam Smith's **invisible hand** – the notion that the individual pursuit of maximum profit guides capitalist markets to efficiency – **is so invisible** because, quite often, it's just not there. Unfettered markets often produce too much of some things, such as pollution, and too little of other things, such as basic research.

unfettered·규제가 없는

갈브레이스가 이해하고 다른 연구자들도 입증했듯이, 애덤 스미스의 '**보이지 않는 손**'-자기 이익을 최대한 추구하다 보면 자본주의 시장의 효율성이 자연스레 도달된다는 인식-은 너무도 자주 **우리 눈에 정말 안 보인다. 시장에 정말 존재하지 않기 때문**이다. 제약을 받지 않는 시장은 오염처럼 어떤 것은 너무 많이 생산하고, 기초 연구처럼 어떤 것들은 거의 만들어내지 않는다.

As Bruce Greenwald and I have shown, whenever **information is imperfect** – that is, always – **markets are inefficient**; hence the need for **government action**.

Joseph E. Stiglitz, "John Kenneth Galbraith understood capitalism as lived – not as theorized",
The Christian Science Monitor, 2006

브루스 그린월드와 내가 보여주었듯이, 실제 현실이 그렇듯이 시장에 **정보가 불완전한** 경우 **시장은 효율적**이지 않다. 그래서 **정부의 개입**이 필요하다.

래리 서머즈, 〈CSM〉 기고문, 2006

"애덤 스미스는
야성적 충동을 간과했다"

이번에 등장하는 경제학자들은 현대 경제학의 구루들이고, 그들의 명구들은 최신 경제학이 많이 다루고 있는 인기 소재들이다. 대부분 노벨상을 수상하고 현재까지 왕성하게 활동하고 있는 대가들인지라 상당히 낯익은 얘기들이기도 하다.

먼저 조지 애컬로프와 로버트 실러가 공동 저술한 명저《야성적 충동Animal Spirits》을 보자. 마이클 스펜스, 조지프 스티글리츠와 함께 2001년 노벨 경제학상을 공동 수상한 미국 경제학자 애컬로프는 소위 **레몬마켓Lemon Market 이론**으로 유명하다. 중고차 시장을 예로 들어 정보의 비대칭성이 시장에 어떤 굴절을 가져오는지 입체적으로 보여줬다. 중고차를 파는 쪽과 사는 쪽은 그 차가 과거에 사고가 났던 적이 있는지, 결함이 어디가 있는지 혹은 없는지 등에서 서로 정보에 차이가 나기 마련이다. 파는 쪽에서는 나쁜 정보를 감추려 드는 게 보통이기 때문이다.

시장은 더 이상 애덤 스미스 때처럼 단순하지 않다. 이처럼 달라진 현실을 담으려면 경제학이 바뀌는 수밖에 없다. 자산가격에 관한 이론으로 2013년 노벨 경제학상을 공동 수상한 로버트 실러도 **고전파적 의미의 시장론에 강한 의구심**을 제기한다. 자산가격의 급등락과 그로 인한 시장의 불안정성이 오히려 시장의 본질에 가까울 수 있다는 게 그의 생각이다.

이처럼 애컬로프와 실러는 고전파가 강조하는 **애덤 스미스의 보이지 않는 손만으로는 세상 경제가 어떻게 돌아가는지 제대로 이해할 수 없다**고 단언한다. 따라서 자본주의에 내재하는 불안정성을 제대로 조명하기 위해서는 고전파 경제학과는 다른 시각이 동시에 전제돼야 하는데, 그것이 바로 야성적 충동이라는 것이다. 사람들에게 내재한 **야성적 충동**이야말로 자본주의 시장의 불안정성과 직결되는 인간 고유의 특성으로 묘사된다. 그래서 저자는 아예 책의 부제로 '인간의 심리가 어떻게 경제를 움직이고 글로벌 자본주의에 영향을 미치는가'를 직설적으로 담아 표현하고 있다.

조지프 스티글리츠는 우리에게 더욱 친숙한 인물이다. 애컬로프와 함께 2001년 노벨 경제학상을 공동 수상한 그 역시 **정보의 비대칭성**에 관한 연구로 각광을 받았다. 그는 특히 시장에 불완전한 정보가 있을 때 나타나는 사회적 비효율성을 집중 연구했다. 우리가 살고 있는 현실 속의 시장에선 경제 참가들 사이에 정보의 비대칭성이 오히려 흔한 경우라서 시장이 온전하게 작동하지 않는 게 정상이라는 것이다.

스티글리츠는 **애덤 스미스의 보이지 않는 손이 시장에서 발견된 적이 없다**invisible며, 그 이유는 **시장에 그런 게 실제 존재하지 않기 때문**이라고 말한다. 재미있고 재치가 번뜩이는 표현이다. 시장이 이처럼 비효율적이다 보니 환경오염처럼 **부정적 외부효과** 사례는 늘고 기초 연구처럼 **긍정적 외부효과** 사례는 눈 씻고 찾아보기 힘들다는 것이다. 이러니 **정부가 개입**해 이를 바로잡아야 한다고 주장한다.

2

_____

공황론과 유효수요

토머스 로버트 맬서스 1766년 2월 14일~1834년 12월 23일

영국의 성직자이며, 인구통계학자이자 정치경제학자이다. 고전경제학의 대표적인 학자 가운데 한 명으로 영국 왕립 학회 회원이었다. 《인구론》이라는 저서를 통해 인구학에 대한 이론을 전개한 것으로도 유명하다.

01.

I think I may fairly make two postulata. First, That food is necessary to the existence of man. Secondly, That the passion between the sexes is necessary and will remain nearly in its present state. ⋯ Assuming then my postulata as granted, I say, that the power of population is indefinitely greater than the power in the earth to produce subsistence for men. **Population, when unchecked, increases in a geometrical ratio. Subsistence increases only in an arithmetical ratio.**

postulata·전제   subsistence·생계 수단

나는 다음과 같이 타당한 두 개의 전제를 만들 수 있다고 생각한다. 첫째, 식량은 인간 생존에 필수적이다. 둘째, 남녀 사이엔 애정이 필연적이며 지금의 상태를 거의 그대로 유지할 것이다⋯ 이 명제들이 성립한다고 가정할 경우, 내 생각에는 인구 증가의 힘이 식량 증가의 힘보다 훨씬 크다. 제한하지 않고 놔둘 경우 **인구는 기하급수적으로 늘어나는 반면 식량은 산술급수적으로 늘어난다.**

198

01.

A slight acquaintance with numbers will shew the immensity of the first power in comparison of the second. By that law of our nature which makes food necessary to the life of man, the effects of these two unequal powers must be kept equal. This implies a **strong and constantly operating check on population from the difficulty of subsistence**. This difficulty must fall somewhere and must necessarily be severely felt by a large portion of mankind.

Thomas Robert Malthus, 《An Essay on the Principle of Population》,
Penguin Books, 1798, p. 70–71

acquaintance·지인   immensity·방대한

실제 숫자를 잠깐 살펴봐도 인구증식력이 식량 증가를 크게 앞섬을 알 수 있다. 인간에게 식량이 필수적이라는 자연법칙을 생각하면 불균등한 이 두 개의 비율이 동일하게 돼야 한다. 이는 결국 **생존의 어려움에 직면하는 사람들이 생기면서 인구 증가에 강력하고 지속적인 제한이 이뤄지게** 됨을 의미한다. 이 어려움이 어딘가에 닥치는 것은 불가피하고, 상당히 많은 수의 사람들이 혹독한 고통을 겪을 수밖에 없다.

《인구론》 번역서엔 기하급수, 산술급수 얘기가 없다

맬서스의 《인구론》에 대해서는 우리에게 잘못 알려진 내용이 많고 흥미로운 얘기도 많다. **'인구는 기하급수적으로 늘어나고 식량은 산술급수적으로 증가한다'**는 맬서스의 구절은 국내에 모르는 사람이 거의 없을 정도로 대단히 유명하다. 그러나 이 구절을 그의 영어 책에서 찾기란 쉽지 않다. 더욱이 국내 번역서에서는 이 유명 구절을 눈 씻고 찾아봐도 아예 찾을 수가 없다. 희한한 일이다. 왜일까? 맬서스가 책을 처음 펴낸 1798년 **초판에만 잠깐 등장한 뒤 바로 그 내용이 사라져** 버렸기 때문이다. 이러니 국내 번역서 또한 초판본을 일부러 구해 번역하지 않는 한 이 내용을 담을 길이 없다.

《인구론》에 대해 우리가 잘못 알고 있는 내용은 또 있다. 맬서스가 식량 부족으로 인해 인류가 파국을 맞을 것처럼 추론한 것으로 알려져 있으나, 사실은 그렇지 않다. 농업 분야의 거대한 기술진보로 인해 맬서스 주장은 그 전제부터 빗나갔다. 전제가 성립하지 않았으니 잘못 전해진 그의 결론을 두고 왈가왈부할 일은 아니다. 그렇더라도 한 번 살펴볼 필요가 있다. 중요한 메시지가 담겨 있기 때문이다. 그러면 **맬서스가 원래 주장한 결론**은 무엇일까. **인류는 생존할 것이나, 수요 부족으로 인해 심각한 경제 공황이 발생할 것이라는 공황론**이었다. 경제학에서 공황론의 효시로 통한다.

인구와 식량 사이의 뚜렷한 증가 속도 차이에도 불구하고 인류가 생존할 것이라고 내다본 이유는 뜻밖에 간단하다. 인간의 생존에 식량이 절대적으로 필요하기 때문에 인구 증가에 제동이 걸리고 두 개의 증가 속도는 어쩔 수 없이 동일한 수준으로 수렴하게 될 것이라는 직관이다. 다만 그 과정에서 인류는 엄청난 고통과 범죄의 참상을 겪을 수밖에 없고, 그 결과로 경제에도 엄청난 재앙이 닥칠 것이라고 경고했다. **인구가 급격히 증가하면 노동자의 임금 하락과 실업 증가가 동시에 일어나고, 결국 심각한 과소 소비와 과잉 저축이 현실**로 다가올 수밖에 없다는 것이다. 이게 맬서스의 공황론이다.

케인스의 일반이론에 앞서 맬서스를 먼저 짚어보는 이유가 여기에 있다. **케인스보다 백수십 년 앞서 수요의 부족 문제를 가장 먼저 제기한 게 바로 맬서스**이기 때문이다. 맬서스 당시 고전파들에겐 "공급은 스스로 수요를 창출한다"는 세의 법칙이 절대적이었다. 이런 분위기에서 수요 부족론과 공황론을 제기한 맬서스는 당시로선 대단히 도발적인 주장을 한 셈이었다.

카를 마르크스 1818년 5월 5일~1883년 3월 14일

독일의 철학자, 경제학자, 역사학자, 사회학자, 정치이론가, 언론인, 공산주의 혁명가다. 트리어 출신. 대학에서 법학과 철학을 전공했다. 그의 대표작은 1848년 출간된 소책자 《공산당 선언Manifest der Kommunistischen Partei》과 3권짜리 《자본론Das Kapital》이다.

01.

The tremendous productive power, in proportion to the population, which is developed within the capitalist mode of production, and ⋯ the growth in capital values (not only in their material substratum), these growing far more quickly than the population, **contradicts the basis** on behalf of which this immense productive power operates, since this basis becomes ever narrower in relation to the growth of wealth; ⋯ **Hence crises**.

Karl Marx, 《Capital: A Critique of Political Economy》, Progress Publishers, 1887, p. 375

substratum·기반   valorization·물가 안정책

자본주의적 생산양식 안에서 인구에 비해 거대하게 형성된 생산력, 그리고⋯ 인구보다 훨씬 더 빨리 증식하는 물질적 실체와 자본가치의 증가는, 거대한 생산력이 작용하는 **자본주의적 생산양식의 기초와 모순**하게 된다. 이 기초가 부의 증대에 비하여 점점 더 협소해지기 때문이다. ⋯ **여기에서 공황이 발생한다.***

*번역문 일부 수정

칼 마르크스, 《자본론 3권》, 김수행 옮김, 비봉출판사, 2007, 317쪽

존 메이너드 케인스

01.

I have called my theory a **general theory**. I mean by this that I am chiefly concerned with the behaviour of the economic system as a whole ⋯ It is shown that, generally speaking, the actual level of output and employment depends, not on the capacity to produce or on the pre-existing level of incomes, but on the current decisions to produce which **depend in turn on current decisions to invest and on present expectations** of current and prospective consumption.

John Maynard Keynes, 《The General Theory of Employment, Interest and Money》,
Palgrave Macmillan, 2018, p. xvi

나는 내 이론을 **일반이론**이라고 이름 붙였다. 경제 시스템 전체가 어떻게 움직이는지에 주된 관심이 있기 때문이다. ⋯ 일반적으로 얘기하면, 생산과 고용의 실제 수준이 현재의 생산 능력이나 지금까지의 소득 수준에 의해 결정되지 않는다는 점을 보여주고 있다. 대신 그 수준은 투자 그리고 현재와 미래의 소비에 대한 **현재 상황에서의 판단과 예측에 의해 결정된 현재의 생산 규모에 달려 있다.**

It is the function of the rate of interest to preserve equilibrium, not between the demand and the supply of new capital goods, but **between the demand and the supply of money**, that is to say between the demand for liquidity and the means of satisfying this demand.

John Maynard Keynes, 《The General Theory of Employment, Interest and Money》, Palgrave Macmillan, 2018, p. xviii

liquidity·유동성

균형을 유지시키는 이자율은 자본재에 대한 수요와 공급 사이의 함수가 아니라 **화폐에 대한 수요 공급의 함수**, 즉 유동성에 대한 수요와 이를 충족시킬 수단들 사이의 함수이다.

03.

If the Treasury were to fill old bottles with banknotes, bury them at suitable depths in disused coalmines which are then filled up to the surface with town rubbish, and leave it to private enterprise on well-tried principles of laissez-faire to dig the notes up again (the right to do so being obtained, of course, by tendering for leases of the note-bearing territory), there need be no more unemployment and, with the help of the repercussions, the real income of the community, and its capital wealth also, would probably become a good deal greater than it actually is. but if there are political and practical difficulties in the way of this, the above would be **better than nothing**.

John Maynard Keynes, 《The General Theory of Employment Interest and Money》, Palgrave Macmillan, p. 115

banknotes·은행권   rubbish·쓰레기   laissez-faire·자유방임   repercussions·영향

만약 재무성이 낡은 몇 개의 병에 은행권을 채워서 그것을 폐광된 탄갱의 적당한 깊이에 묻고, 그다음에 탄갱을 도시의 쓰레기로 지면까지 채워놓고, 허다한 시련을 잘 이겨낸 자유방임의 원리에 입각하여, 개인 기업에 그 은행권을 다시 파내게 한다면, (물론, 이것을 할 수 있는 권리는 은행권이 묻혀있는 지역의 임차에 대한 입찰에 의해 얻어진다.) 더 이상 실업이 존재할 필요도 없어지고, 그 반작용의 도움에 의해, 사회의 실질소득이 또 나아가서는 그 자본적 부 또한, 그것이 현재 존재하는 것보다 훨씬 크게 될 것이다. 그러나 그것을 하는 데 있어 정치적 또는 실제적인 곤란이 있다고 하면, 상기의 것은 **아무것도 하지 않는 것보다는 나을 것이다.**

J.M.케인즈, 《고용, 이자 및 화폐의 일반이론》, 조순 옮김, 비봉출판사, 152쪽

자신의 경제학에 굳이
일반이론이라는 이름을 붙인 이유

맬서스의 공황론은 잘 알려져 있지 않다. 아마도 그의 파격적 주장 때문인지 처음엔 빛을 제대로 보지 못했다. 그러다가 오랜 기간이 지나 뜻밖의 상황에서 부활한다. 바로 고전파와 신고전파를 비판하던 케인스에 의해서였다. 대공황을 경험하고 있던 케인스에게 세의 법칙이나 수요, 공급과 가격 사이의 즉각적 조정 같은 신고전파의 결론 대신 맬서스의 이론이 눈길을 확 끌었을 것임은 너무도 당연했다.

케인스에겐 **신고전파의 사고방식이나 법칙이 거꾸로 일시적 현상이거나 특수 상황으로 이해**될 뿐이었다. 그가 자기 이론의 명칭과 책의 제목에 '**일반이론**'이라는 특별한 이름을 굳이 붙인 걸 보면, 이 점을 꼭 강조하고 싶었던 것 같다. 영어판 뒤에 펴낸 불어판 책 서문에서 이런 심경을 잘 드러내고 있다.

케인스는 신고전파가 해결하지 못한 현실 경제의 불안정성과 불균형성의 문제를 **유효수요**Effective Demand와 **유동성 선호**Liquidity Preference라는 새로운 개념을 통해 해결하고자 시도했다. 생산과 고

212

용의 결정 요인으로 케인스가 수요 대신 유효수요 개념을 새로이 도입한 것은 잘 알려진 사실인데, 그가 유효수요의 특성을 부각시키기 위해 책에서 사례로 든 내용은 흥미롭다. **폐광을 덮었다 다시 파내는 부질없어 보이는 일**인데, 어차피 사람의 노동과 자본이 들어가야 하니 유효수요를 창출한 것임이 분명하다. 보도블록을 들어내고 다시 까는 현대식 지방정부 예산사업과 흡사하다.

유동성 개념도 마찬가지다. 당시는 실물경제와 별개로 금융시장이 빠른 속도로 발전하고 있었음에도 불구하고 화폐의 수요와 공급, 이자율 결정에 대한 설명이 이를 못 따라가는 상황이었다. 여기에서 케인스가 내놓은 해답이 유동성 선호 개념이다. 실물시장에서의 수요 공급과 달리 금융시장에서는 사람들의 **리스크 기피 성향**을 반영한 수요 공급이 필요하다고 본 것이다. 이자율이 낮다고 판단하면 사람들은 화폐 보유를 줄이고, 더 나아가 장차 이자율이 오를 것을 예상해 채권 매입도 줄이려는 심리가 작동한다. 반대로 이자율이 높다고 판단되면 거꾸로의 현상이 나타날 수 있다는 것이다.

수요의 부족 문제가 결국 심각한 공황으로 연결될 수 있다는 인식은 마르크스도 마찬가지였다. 그러나 **마르크스는 수요 쪽보다 공급 쪽을 문제의 '악의 축'**으로 보았다. 자본주의에 고유한 과잉 자본 축적이 인구 등에 기초한 수요 기반과 모순을 일으키며 충돌할 수밖에 없다는 게 마르크스의 공황론과 자본주의 붕괴론의 시작이다.

역사의 반복
선택할 자유

토머스 새뮤얼 쿤 1922년 7월 18일~1996년 6월 17일

미국의 과학사학자이자 과학철학자이다. 《과학 혁명의 구조》로 유명하다. 철학, 심리학, 언어학, 사회학 등 여러 분야를 섭렵하여 과학철학에 큰 업적을 남기었다. 그에 따르면 과학의 발전은 점진적으로 이루어지는 것이 아니라 패러다임의 전환에 의해 혁명적으로 이루어지며 이 변화를 '과학혁명'이라고 불렀다.

01.

Because it demands large-scale **paradigm** destruction and major shifts in the problems and techniques of normal science, the emergence of new theories is generally preceded by a period of pronounced professional insecurity. As one might expect, that insecurity is generated by the persistent failure of the puzzles of normal science to come out as they should. **Failure of existing rules is the prelude to a search for new ones.**

Thomas S. Kuhn, 《The Structure of Scientific Revolutions》,
University of Chicago Press, 1970, p. 67-68

paradigm·패러다임   pronounced·확연한

그것은 대규모의 **패러다임** 파괴와 정상과학의 문제 및 테크닉상의 주요 변동을 요구하는 까닭에, 새로운 이론들의 출현은 대체로 전문 분야의 불안정함이 현저해지는 선행 시기를 거치게 된다. 누구나 예측할 수 있듯이, 그런 불안정함은 정상과학의 수수께끼들이 좀처럼 제대로 풀리지 않는다는 데에서 발생된다. **기존 규칙의 실패는 새로운 규칙의 탐사를 향한 전조**가 된다.

토머스 쿤, 《과학혁명의 구조》, 김명자·홍성욱 옮김, 까치, 2013, 150쪽

윈스턴 스펜서 처칠 <small>1874년 11월 30일~1965년 1월 24일</small>

영국의 총리(1940년 5월 10일~1945년 7월 26일, 1951년 10월 26일 ~1955년 4월 7일)를 지낸 정치가이다. 1945년 1월 1일에서 1945년 7월 26일까지 강인한 리더십으로 6개월 동안 영국 군주 조지 6세의 대리 청정을 전담 수행하기도 하여 제2차 세계대전을 승리로 이끄는 데 견인차 역할을 했다.

01.

I must regard these volumes as a continuation of the story of the First World War which I set out in The World Crisis, The Eastern Front, and The Aftermath. Together, if the present work is completed, they will cover an account of another **Thirty Years War**.

Winston S. Churchill, 《The Gathering Storm, The Second World War, Vol. 1》,
Houghton Mifflin Company, 1948, p. iii

나는 이 책을 《The World Crisis (세계의 위기)》, 《The Eastern Front (동부 전선)》, 《The Aftermath (그 이후)》에서 서술한 제1차세계대전사의 계속이라고 생각하고 싶다. 전작과 더불어 이 저작이 완성된다면 **새로운 30년 전쟁**의 경위를 이야기하게 될 것이다.

윈스턴 처칠, 《폭풍전야, 제2차 세계대전》, 구범모·김진우·민병산 옮김, 박문사, 1970, 3쪽

카를 마르크스

01.

Hegel remarks somewhere that all great, world-historical facts and personages occur, as it were, twice. He has forgotten to add: the first time as **tragedy**, the second as **farce**.

Karl Marx, 《The Eighteenth Brumaire of Louis Bonaparte》, Progress Publishers, 1869, p. 10

personages·저명인사   farce·소극

헤겔은 어디선가 세계사에서 막대한 중요성을 지닌 모든 사건과 인물들은 반복된다고 언급한 적이 있다. 그러나 그는 다음과 같은 말을 덧붙이는 것을 잊었다. **한 번은 비극**으로 **다음은** 소극으로 끝난다는 사실 말이다.

칼 맑스, 《루이 보나파르트의 브뤼메르 18일》, 최형익 옮김, 비르투, 2012, 10쪽

한 번은 비극,
한 번은 소극

    토머스 새뮤얼 쿤은 미국의 과학사학자이자 과학철학자이다. 그에 따르면 과학의 발전은 점진적으로 이루어지는 것이 아니라 패러다임의 전환에 의해 혁명적으로 이루어지며 이 변화를 '**과학혁명**'이라고 불렀다.

    우리가 앞에서 살펴본 경제학의 다양한 조류들도 이런 **패러다임의 전환**으로 이해할 수 있을 것 같다. 고전파와 신고전파, 제도학파, 케인스학파, 통화주의, 신자유주의 등 모든 조류들이 사실 기존 패러다임의 전체 혹은 부분을 부정하는 과정에서 잉태되었을지 모른다.

    반대로 **역사가 반복되는 경향**에 대한 유명 구절도 있다. 실제 전개 과정이 아주 똑같을 수는 없겠으나, 그 패턴이 유사한 사례는 흔히 존재한다. 윈스턴 처칠이 얘기하는 30년 전쟁이나 헤겔의 말을 인용한 칼 마르크스의 역사 반복 얘기는 이런 맥락에서 매우 흥미로운 사례가 아닐 수 없다.

    처칠은 1948년 《폭풍전야The Gathering Storm》라는 타이틀의 거대 저작에서 이런 말을 서문에 적었다. 이 책에서 다루고 있는 제1, 2차 세계대전(1914~1945)은 유럽에서 일어난 또 하나의 30년 전쟁이라고. 그럼 1, 2차 세계대전에 앞서 터진 30년 전쟁은 무엇을 가리키는 것일까. 1618년 신성 로마제국의 페르디난드 2세가 보헤미아의 개신교를 탄압한 것에 대해 개신교를 신봉한 보헤미아의 귀족들이 반발해 일어난 전쟁이다. 1648년 베스트팔렌조약으로 전쟁이 종료됐다. 독일을 중심으로 로마 가톨릭 교회를 믿는 국가들과 개신교를 믿는 국가들 사이에서 벌어진 종교전쟁이었다. 처칠의 30년 전쟁 언급은 역사에서 **하나의 거대한 흐름이나 전쟁은 흔히 30년 정도 지속된다**는 의미일 것이다. 지금 우리가 겪고 있는 자본주의의 위기는 그러면 언제까지 지속될까?

헤겔의 말을 원용한 마르크스의 명구를 제대로 이해하려면 프랑스 혁명 후의 상황을 조금 되살려 이 소논문의 제목 〈**루이 보나파르트의 브뤼메르 18일**〉부터 따져봐야 한다. **루이 보나파르트**는 우리가 흔히 알고 있는 나폴레옹 1세(나폴레옹 보나파르트)의 조카다. 샤를 루이 나폴레옹 혹은 나폴레옹 3세로도 불린다. **브뤼메르 18일**이란 나폴레옹 1세가 30세 되던 1799년 황제의 지위에 오르기 위해 스스로 공화정을 뒤엎고 일으킨 친위 쿠데타 사건을 지칭한다. 이 사건은 그해 11월 9일 발생했는데, 이 날이 프랑스 혁명력으로는 무월霧月, 즉 브뤼메르 월의 18일이 된다고 한다. 따라서 책 제목의 의미는 나폴레옹 1세의 조카인 루이 보나파르트가 삼촌의 후광을 빌려 1851년에 브뤼메르 18일과 같은 쿠데타(공화정을 뒤집고 황제 등극)를 일으킨 사건을 의미한다.

여기서 비극은 나폴레옹 1세가 황제가 된 것을, 소극笑劇은 그의 조카인 루이 보나파르트가 황제가 된 것을 가리킨다. 역사의 반복인

셈인데, 그 의미는 전혀 다르다는 게 이 구절의 핵심이다. **프랑스 인민 대중의 영웅인 나폴레옹의 몰락이 비극적 결말**로 간주된다면 **루이 보나파르트의 사례는 역사에 잠깐 스쳐 지나간 어리석은 소극**에 불과하다는 것이다. 원래 파르스farce는 굽는 요리의 안쪽을 채우는 속 재료를 의미하는 단어였는데, 중세 교회 때부터 연극 막간에 들어가는 짤막하고 우스꽝스러운 소극의 의미로 쓰였다고 한다.

밀턴 프리드먼 1912년 7월 31일~2006년 11월 16일

미국의 경제학자이자 대중적인 지식인이다. 자유주의 시장경제 옹호자로 거시경제학을 위시하여 미시경제학, 경제사, 경제통계학에 큰 기여를 하였다. 1976년에 소비분석, 통화의 이론과 역사 그리고 안정화 정책의 복잡성에 관한 논증 등의 업적으로 노벨 경제학상을 수상하였다.

01.

We cannot indeed depend on benevolence for our dinner-but can we depend wholly on Adam Smith's invisible hand? A long line of economists, philosophers, reformers, and social critics have said no. **Self-love will lead sellers to deceive their customers.** They will take advantage of their customers' innocence and ignorance to overcharge them and pass off on them shoddy products. **They will cajole customers to buy goods they do not want.**

deceive·속이다   shoddy·부당한   cajole·회유하다

우리는 저녁 식사를 정말로 다른 사람의 선심에 의존할 수는 없다. 그러면 애덤 스미스의 '보이지 않는 손'에는 의존할 수 있을까? 경제학자, 철학자, 사회개혁가 그리고 사회평론가들은 줄줄이 이를 부인하였다. **장사꾼은 이기주의 때문에 손님을 속이게 될 것**이고 그들은 손님이 무지하고 무식한 점을 악용하여 엉터리 물건을 바가지 씌워 팔아버릴 것이다. **장사꾼은 손님을 감언이설로 구워삶아, 원하지도 않는 물건을 사게끔 할 것이다.**

01.

In addition, the critics have pointed out, if you leave it to the market, the out-come may affect people other than those directly involved. It may affect the **air we breathe**, **the water we drink**, **the safety of the foods** we eat. **The market must, it is said, be supplemented by other arrangements** in order **to protect the consumer from himself and from avaricious sellers**, and to protect all of us from the spillover neighborhood effects of market transactions.

avaricious·탐욕스러운

뿐만 아니라 비평가들이 지적하듯이, 만약에 우리가 이런 일을 시장에 맡긴다면, 그 결과는 직접 관계된 사람 이외의 다른 사람들에게도 영향을 미칠 것이다. 우리가 **숨 쉬는 공기**, **마시는 물**, **먹는 음식물**의 안전에도 영향을 미칠 것이다. 따라서 **소비자를 그 자신과 탐욕스러운 장사꾼으로부터 보호**하고, 또한 시장거래에서 발생하는 좋지 않은 부수적인 효과로부터 만인을 보호하기 위해서는 말하자면 **별다른 조치로 시장 기능을 보완하여야 한다**는 것이다.

01.

These **criticisms of the invisible hand are valid**. The question is whether the arrangements that have been recommended or adopted to meet them, to supplement the market, are well devised for that purpose, or whether, as so often happens, the **cure may not be worse than the disease**.

Milton Friedman, 〈Free To Choose〉, Mariner, 1990, p.189

'보이지 않는 손'에 대한 비판은 다 옳다. 그러나 문제는 시장 기능을 보완하기 위하여 건의 또는 채택되었던 조치들이 그 목적에 맞게 잘 짜여졌는지? 또는 자주 그렇듯이, 병 주고 약 주는 꼴이 되지 않겠느냐 하는 점이다.

밀튼 프리드만, 《선택할 자유》, 민병균·서재명·한홍순 옮김, 자유기업원, 2003, 245~246쪽

02.

A society that puts equality before freedom will get neither⋯ A society that puts freedom before equality will get a high degree of both.

Milton Friedman, 《Free To Choose》, Mariner, 1990, p. 148

평등을—결과의 평등이라는 의미에서—자유보다도 앞세우는 사회는 결국 평등도 자유도 달성하지 못하게 될 것이다(평등을 달성하기 위해 힘을 사용하면 자유가 파괴될 것이며, 좋은 목적을 위해서 끌어들인 것일지라도 힘은 결국 자신의 이익을 증진시키기 위하여 그것을 사용하는 사람들의 손에 들어가게 될 것이다). 한편, 자유를 제일로 하는 사회는 결국 다행스러운 부산물로 보다 큰 자유와 보다 큰 평등을 둘 다 달성하게 될 것이다.

밀튼 프리드만,《선택할 자유》, 민병균·서재명·한홍순 옮김, 자유기업원, 2003, 194쪽

03.

One of the great mistakes is to judge policies and programs by their **intentions rather than their results**.

An interview in December 1975 with economist Milton Friedman on PBS's 〈The Open Mind〉

우리가 범할 수 있는 가장 큰 실수 가운데 하나는 정부 정책과 프로그램을 그 **성과 대신 취지로 평가**하는 것이다.

밀턴 프리드먼, PBS 〈The Open Mind〉 방송 인터뷰, 1975

04.

Nothing is as permanent as a temporary government program.

Milton Friedman, 《Tyranny of the Status Quo》, Houghton Mifflin Harcourt, 1984, p. 115

정부 프로그램은 아무리 일시적이라고 약속을 하더라도 결국 오래 지속되기 일쑤다.

05.

There is one and only one **social responsibility of business**–to use its resources and engage in activities designed **to increase its profits so long as it stays within the rules** of the game, which is to say, engages in open and free competition without deception or fraud.

Milton Friedman. 《Capitalism and Freedom》, University of Chicago Press, 2020, p. 133

자유경제에서 **기업이 지는 사회적 책임**은 오로지 하나뿐인데, 이는 **게임의 규칙을 준수하는 한에서 기업이익 극대화**를 위하여 자원을 활용하고 이를 위한 활동에 매진하는 것, 즉 속임수나 기망행위 없이 공개적이고 자유로운 경쟁에 전념하는 것이다.

밀턴 프리드만, 《자본주의와 자유》, 심준보·변동열 옮김, 청어람미디어, 2011, 214쪽

프리드먼의 책《선택할 자유》에는
부정식품 얘기가 없다?

1976년 노벨상을 받은 밀턴 프리드먼은 시카고학파의 거두이자 화폐론자이며, 자유주의 예찬론자로 유명하다. 케인스주의에 적극 반대하는 입장에서 미국 로널드 레이건 행정부와 영국 마거릿 대처 정부에 경제 자문을 맡아 자유시장과 작은 정부를 주창했다.

프리드먼은 다양한 신문 기고와 방송 활동을 통해 많은 지지자와 반대자를 동시에 갖고 있는 셀럽이었다. 그가 남긴 명구들은 아직도 자주 회자되고 있다. 윤석열 대통령 당선인이 대선 후보로 거론되기 시작할 때 매일경제와 가진 인터뷰에서 프리드먼의 책《선택할 자유》를 거론했는데, 이를 놓고 논란이 일기도 했다. 책 내용에 그런 부분이 실제 있냐는 공격이었다. 그런데 더욱 이해가 안 되는 게 있었다. 어느 언론에서도 이 책에 그런 내용이 실제 존재하는지 여부를 알아보려 하지 않은 듯했다.

당시 윤 당선인은 "먹으면 병 걸리고 죽는 것이면 몰라도 부정식품이라 그러면은 없는 사람은 그 아래라도, 그러니까 품질 기준선의 아래라도 선택할 수 있게 싸게 먹을 수 있게 해줘야 한다"고 주장했다. **섣불리 부정식품 운운하며 정부가 검찰, 국세청을 동원해서 단속에 나서는 게 바람직하지 않다는 취지였다.** 그러면 프리드먼은 부정식품을 영어 단어로 어떻게 표현했을까? 정크푸드junk food라고 했을까?

그러나 그의 책에는 부정식품에 관한 내용이 직접 언급돼 있지는 않다. 다만 정부 개입의 한도를 다룬 부분이 있다. 애덤 스미스의 보이지 않는 손과 자유방임주의가 비판받을 소지가 있다며, **시장 기능의 보완을 위해 공기, 물, 음식물 등 안전이 필수적인 곳에는 정부 개입이 필요**할 수 있다고 했다. 프리드먼의 생각은 스미스의 보이지 않는 손이 시장 전체의 작동을 원활하게 도울지언정 이기심에 가득 찬 탐욕스러운 장사꾼이 소비자에게 엉터리 물건을 바가지를 씌워 파는 것까지 막지는 못한다는 것이었다.

그러나 여기서도 프리드먼은 **그 개입이 자칫 더 나쁜 결과를 가져올 수 있으므로 신중해야 한다**고 강조했다. 미국에서 1990년대와 2000년대 치열하게 벌어진 패스트푸드 논쟁에서 워낙 달변가였던 프리드먼이 직접 혹은 그에 동조하는 찬성론자들이 이를 근거로 논쟁을 벌인 바 있다. 바로 이 논쟁에서 정크푸드라는 말이 일부쓰였다. 주로는 건강에 이롭지 않은 식품unhealthy food이라는 표현이 사용됐지만, 윤 당선인은 프리드먼 책의 취지를 중심으로 설명한 반면 당시 언론은 용어를 가지고 꼬투리를 잡았던 해프닝이었다. 용어를 따질거면 좀 더 엄밀하게 따져야 할 것이고, 그게 아니면 전체의 맥락을 제대로 이해하려는 성숙된 사회 분위기가 아쉬웠던 순간이다.

기업의 사회적 책임에 관한 프리드먼의 주장은 더 유명한 논쟁 대상이다. 프리드먼은 **기업이 할 수 있는 최선의 사회적 책임은 이**

윤을 **많이 내는 것**이라고 단언했다. 일찌감치 1969년의 일이다. 이윤 확대로 일자리와 고용을 늘리는 것보다 더 큰 사회적 책임이 어디 있겠느냐는 논리다. 맞는 얘기다. 다만 요즘 같은 사회 분위기에선 지나치게 주주 위주라는 비판이 제기될 수 있다. 이는 요즘 불고 있는 ESG(환경, 사회적 책임, 지배 구조) 열풍과도 무관치 않을 것이다.

그렇다면 프리드먼은 기업의 이윤 추구에 대해 아무런 제약도, 조건도 붙이지 않았을까? 이 또한 오해가 덧붙여진 잘못된 해석이다. 프리드먼은 **기업이 게임의 룰을 지켜야 한다는 점을 분명하게 전제**했다. 즉, 시장에서 **사기**와 **기만**이 일어나지 않고 정당한 게임의 룰(요즘의 ESG 포용 가능)이 지켜진다면 경쟁은 최대한 개방되고 자유롭게 진행되도록 해야 한다고 강조했다.

앨런 그린스펀 1926년 3월~

미국의 경제학자이자 경제 관료이다. 1987년부터 2006년까지 미국 연방준비제도 이사회 의장을 역임하였다. 현재는 그의 회사를 통해 연설, 컨설팅 활동을 하고 있다. 2002년 영국 명예 KBE훈장을 받았다.

01.

Clearly, sustained low inflation implies less uncertainty about the future, and lower risk premiums imply higher prices of stocks and other earning assets. We can see that in the inverse relationship exhibited by price/earnings ratios and the rate of inflation in the past. But how do we know when **irrational exuberance** has unduly escalated asset values, which then become subject to unexpected and prolonged contractions as they have in Japan over the past decade?

Alan Greenspan , Speech at the Francis Boyer Lecture of
The American Enterprise Institute for Public Policy Research, 1996

exuberance·풍부

낮은 인플레이션이 지속되면 미래에 대한 불확실성이 낮아지고, 낮은 리스크 프리미엄이 주가와 자산 수익률의 상승으로 이어지는 것은 분명하다. 우리는 과거 인플레이션율과 가격/수익률 사이에서 나타나는 역의 관계에서 이를 확인할 수 있다. 그러나 일본의 과거 수십 년 사례가 보여주듯이 이런 **비이성적 과열이** 자산가치를 비정상적으로 올려놓았다가 언제 예상치 못한 길고 긴 침체로 빠져들지 우리가 어떻게 알 수 있겠는가?

앨런 그린스펀, 미국 공공정책연구소 프랜시스 보이어 강연 중 연설문, 1996

Anti-capitalist virulence appears strongest from those who confuse "crony capitalism" with free markets. Crony capitalism abounds when government leaders, usually in exchange for political support, routinely bestow favours on private-sector individuals or businesses. That is not capitalism. It is called corruption. The often-assailed **greed and avarice associated with capitalism are in fact characteristics of human nature**, not of market capitalism, and affect all economic regimes. The legitimate concern of increasing inequality of incomes reflects globalisation and innovation, not capitalism.

https://www.ft.com/content/1c76d726-4687-11e1-89a8-00144feabdc0

virulence·독성   bestow·수여하다   assail·공격하다

'부패한 자본주의'를 자유 시장경제와 혼동해 자본주의를 혹독하게 비판하는 경우도 있다. 부패 자본주의는 정부 지도자들이 정치적 지지를 조건으로 민간 부문의 개인이나 기업에 특혜를 줄 때 만연해진다. 이것은 자본주의가 아니고, 부패다. 자본주의와 관련해 자주 공격받는 **탐욕과 욕심은 사실 인간 본연의 특성일 뿐 자본주의의 특성이 아니다.** 소득 불평등 심화를 바라보는 적절한 시각은 세계화와 혁신에 대한 염려가 돼야지, 자본주의 자체에 대한 염려가 돼서는 안 된다.

앨런 그린스펀, 〈파이낸셜 타임즈〉 기고문, 2012

비이성적 과열,
부패 자본주의 - 너무 늦은 자기반성

앨런 그린스펀은 1987년부터 2006년까지 무려 20년간 미국 연방준비제도이사회FRB 의장을 역임한 경제학자다. 로널드 레이건 대통령에 의해 처음 이사회 의장으로 발탁된 그린스펀은 이후 조지 H.W. 부시, 빌 클린턴, 조지 W. 부시 대통령 등 공화당과 민주당을 바꿔가며 연임을 해, 당시엔 **세계의 경제 대통령**이라는 소리를 듣기도 했다. 우리나라에도 가장 잘 알려진 미국 연준 의장이 아닐까 싶다.

그의 재임 동안 성과와 평가를 돌아보면 중앙은행의 독립성이 얼마나 중요하면서도 지키기 힘든 것인지 새삼 절감하게 된다. 2001년 미국 뉴욕의 무역센터 쌍둥이 빌딩을 붕괴시킨 9.11 사건 전까지는 그린스펀에 대한 평가가 대체로 양호했다. 특히 검은 월요일 주식시장 붕괴, 닷컴 버블 붕괴 등에 대한 그의 대처는 크게 칭송받았다.

닷컴 버블 당시 그린스펀이 시장에 경고 시그널을 주면서 했던 말이 유명하다. **비이성적 과열**이라는 용어를 사용했는데, 오랜 기간 이 단어가 크게 유행하기도 했다. 비이성적 과열은 케인스가 말한

야성적 충동을 훨씬 넘어서는 단계를 지칭한다. 시장 경제라는 게 인간의 야성적 충동으로 인해 주기적으로 과열될 수 있으나, 당시 닷컴 버블은 이성을 완전히 잃은 수준의 과열이라는 뜻이다.

그린스펀의 **재임 중 문제의 기간은 2001년 이후**다. 전쟁 같은 9.11 사건 이후의 상황 탓도 있겠으나, 이때의 그린스펀은 정치에 예속된 중앙은행의 결말이 어떻게 되는지 잘 보여준다. 그린스펀이 그때부터 정치에 끌려다니기 시작했다는 사실은 당시 그의 **백악관 방문 횟수**에서도 드러난다. 그린스펀의 백악관 방문 횟수는 **클린턴 행정부 2기(1996~2000)에 연평균 3회에 불과했으나 부시 행정부 들어 연평균 44회로** 급증한다.

2007년 글로벌 위기는 이렇게 잉태되고 있었다. 글로벌 위기가 터진 뒤 파이낸셜 타임즈 등 서방 언론은 자본주의에 내재된 문제로 인해 **시장실패**가 나타났다는 논조를 상당 기간 이어갔다. 정치의 과도한 경제 개입으로 인해 발생한 **정책 실패**의 측면을 애써 감추려 했다. 그리고 몇 년이 지난 뒤 그린스펀은 파이낸셜 타임즈 기고를 통해 당시 문제가 자본주의 자체의 모순이 아니라 정치와 부패의 문제였다고 반박했다. 그의 이런 뼈아픈 지적이 글로벌 위기 직후에 통렬한 자기반성과 함께 나오지 못한 점은 못내 아쉽다. 결국 **실패한 금융관료의 뒷북치기 식의 자기 합리화**에 그치고 말았다.

원서로 읽고 따라 쓰는
세계를 바꾼 명문장

초판 1쇄 2022년 4월 5일
초판 2쇄 2022년 4월 20일

지은이 서정희
펴낸이 서정희
펴낸곳 매경출판㈜
책임편집 서정욱
마케팅 강윤현 이진희 장하라
디자인 김보현 김신아

매경출판㈜
등록 2003년 4월 24일(No. 2-3759)
주소 (04557) 서울시 중구 충무로 2(필동1가) 매일경제 별관 2층 매경출판㈜
홈페이지 www.mkbook.co.kr
전화 02)2000-2634(기획편집) 02)2000-2636(마케팅) 02)2000-2606(구입 문의)
팩스 02)2000-2609 **이메일** publish@mk.co.kr
인쇄 · 제본 ㈜M-print 031)8071-0961
ISBN 979-11-6484-389-3(03320)